Fink-Klein/Peter-Führe/Reichmann
Rhythmik im Kindergarten

praxisbuch kindergarten

Waltraud Fink-Klein
Susanne Peter-Führe
Iris Reichmann

Rhythmik
im Kindergarten

Erlebnisreiche Spielformen
mit Musik – Bewegung – Sprache

Mit einem Vorwort von Barbara Holzapfel

Herder Freiburg · Basel · Wien

Adressen für Fortbildungsmöglichkeiten

Wer sich für die Arbeitsweise der Autoren weiter interessiert und sich darin fortbilden möchte, kann sich mit ihnen direkt in Verbindung setzen.

Waltraud Fink-Klein	Susanne Peter-Führe	Iris Reichmann
Christofstr. 8	Am Rainhof 21	Strümpfelbacherweg 17
89537 Giengen/Brenz	79199 Kirchzarten	71522 Backnang

Weiter Kursangebote sind zu erfragen bei den Landesverbänden Rhythmische Erziehung

in Schleswig-Holstein	in Baden-Württemberg
Barbara Holzapfel	Prof. Elisabeth Braun
Jürgen-Wullenwever-Str. 2	Rosenau 1
23566 Lübeck	73730 Esslingen

Die Adressen in den weiteren Bundesländern erteilt der

Bundesverband Rhythmische Erziehung
Küppelstein 34
42857 Remscheid

Gedruckt auf umweltfreundlichem,
chlorfrei gebleichtem Papier

8. Auflage

Einbandfoto: Hartmut W. Schmidt, Freiburg
Notengrafik: Wolfgang Hanns, Freiburg

Textfotos: Die Aufnahmen zu „Henriette Bimmelbahn" und „Vom schlafenden Apfel" entstanden mit Kindern des Evangelischen Kinderzentrums Herbrechtingen (Fotograf: Klaus Klein). Die Fotos für das Spiel „Die Bremer Stadtmusikanten" entstanden bei einem Besuch der Kindertagesstätte Rathauspromenade, Berlin-Reinickendorf (Fotograf: Hubert Beringmeier), und für das Spiel „Das große, kecke Zeitungsblatt" im Rhythmikunterricht mit Vorschulkindern (Fotograf: Manfred Geiger). Die Fotos für „Ein Sommertag" und „Oberpotz und Hoppelhans" wurden von Thomas Reichmann angefertigt. Alle übrigen Fotos stammen aus den Unterlagen der Autorinnen.

Alle Rechte vorbehalten – Printed in Germany
© Verlag Herder Freiburg im Breisgau 1987
Herstellung: Freiburger Graphische Betriebe 1997
ISBN 3-451-20127-5

Inhalt

Vorwort 7

Einführung 8
1. Der rhythmische Erziehungsbereich 8
2. Bewegung – Musik – Sprache 11
3. Das rhythmische Spiel 17

Aus der Praxis – für die Praxis

1. *Waltraud Fink-Klein*
   Der Rahmen meiner Spielstunden 22
   Der Schmetterling 25
   Henriette Bimmelbahn 32
   Vom schlafenden Apfel 44

2. *Susanne Peter-Führe*
   Zum Kennenlernen 66
   Schneeflocken 67
   Die Bremer Stadtmusikanten 74
   Terzlmusika und die Langeweile 92
   Das große, kecke Zeitungsblatt 100

3. *Iris Reichmann*
   Oberpotz und Hoppelhans 107
   Ein Sommertag 117
   Das Pfefferkuchenmännlein 131

Quellennachweis 144

Inhalt

*Sie finden im Praxisteil rhythmische Spielideen
anhand von:*

Reimen und Gedichten

Der Schmetterling	25
Das große, kecke Zeitungsblatt	100
Vom schlafenden Apfel	44
Schneeflocken	67

Liedern

Ein Sommertag	117
Terzlmusika und die Langeweile	92

Geschichten und Märchen

Die Bremer Stadtmusikanten	74
Das Pfefferkuchenmännlein	131

Bilderbüchern

Henriette Bimmelbahn	32
Oberpotz und Hoppelhans	107

Vorwort

Obwohl es bereits zahlreiche Praxisbücher über Rhythmik gibt, ist der Bereich „Rhythmik im Vorschulalter" bisher schlecht weggekommen, so daß dieses Buch im rhythmischen Schrifttum eine Lücke füllt. Es ist aus der Praxis entstanden und so geschrieben, daß es auch für Pädagogen, die nicht Rhythmik studiert haben, viele Anregungen bietet.

Zu zehn Themen entwickeln die Autorinnen Spielideen aus Reimen, Geschichten, Liedern und Bilderbuchgeschichten, die dem Erlebnisbereich des Vorschulkindes entsprechen. Zum einen legen sie anschaulich dar, *was* man mit Kindern dieser Altersstufe spielen kann, und zum anderen, *wie* man in einem phantasievollen Spiel eine ganzheitliche Entwicklung durch Rhythmik fördert. Diese Stundenbilder wollen keine Rezepte sein, sondern modellhafte Beispiele, wie rhythmische Erziehung durch Musik, Sprache und Bewegung im Vorschulalter gestaltet werden kann.

Nicht zuletzt liegt der Wert des Buches darin, daß es den Erzieher anregt, sich mit der rhythmisch-musikalischen Erziehung auseinanderzusetzen. Es ist eine gelungene Aufforderung, auch die eigenen Ideen zu verwirklichen, um den Kindergartenalltag mit rhythmischen Elementen zu bereichern.

Im März 1987   *Barbara Holzapfel*

Einführung

1. Der rhythmische Erziehungsbereich

SUSANNE PETER-FÜHRE

Musik in der Bewegung erleben, die Sinne für das Aufnehmen von Musik zu sensibilisieren, um die musikalische Ausdrucksfähigkeit im Menschen zu vertiefen – das waren die neuen Impulse, mit denen der Schweizer Musikpädagoge *Emile Jaques-Dalcroze* (1865–1950) die Entwicklung der rhythmisch-musikalischen Erziehung (Rhythmik) auslöste. Sie begann in unserem Jahrhundert mit einer Strömung, in der sich ein neues Bewußtsein bildete für die Bedeutung des Körpers und der Bewegung als Ausdruck eines freieren Lebensgefühles.

Es dauerte nicht lange, bis zwei Schülerinnen von Dalcroze in ihrer Arbeit erkannten, daß sein Ansatz über die „Musikerziehung durch Bewegung" hinaus weitreichendere Auswirkungen zeigte. Durch ihr Wirken erschlossen sie mit der „rhythmischen Idee" neue Bereiche, die als „Erziehung *durch* Musik und Bewegung" für die allgemeine Pädagogik bedeutungsvoll wurden:

Zum einen war es *Mimi Scheiblauer* (1891–1968), die in der Schweiz die Möglichkeiten der Rhythmik vor allem für die Heilpädagogik erkannte. Neben Musik und Bewegung war der gezielte Umgang mit Materialien ein wesentlicher Bestandteil ihrer rhythmischen Praxis.

Zum anderen engagierte sich in Deutschland *Elfriede Feudel* (1881–1966) für die Verbreitung der Rhythmik in den Erziehungsbereichen. Sie veröffentlichte ihre pädagogischen Gedanken in mehreren Werken, die auch heute noch zur

Standardliteratur der rhythmisch-musikalischen Erziehung zählen[1]. Zentraler Punkt ihrer Arbeit war das Erkennen des Zusammenhangs von Wahrnehmung und Bewegung.

Der pädagogische Ansatz: Ganzheitliches Lernen durch Erleben

Mit ihren Zielen, Inhalten und Methoden bildet die Rhythmik einen Erziehungsbereich, der sich an der ganzheitlichen Daseinsform des Kindes orientiert:

Mit einer naturgegebenen Antriebskraft setzt sich das Kind mit den sinnlich wahrnehmbaren Erscheinungen seiner Umwelt auseinander. Indem es beobachtet, horcht, riecht, schmeckt, mit Gegenständen hantiert, sie befühlt und begreift, vermitteln ihm die Sinnesorgane *Eindrücke*. Und wie es diese Sinneswahrnehmungen innerlich-tätig mitvollziehen kann, so fließen sie in sein Spiel ein und kommen dort im Verhalten und Handeln zum *Ausdruck*. Nach diesem *sensomotorischen Prinzip* macht es seine Erfahrungen und lernt daraus, zu unterscheiden, zu ordnen, zu erkennen, zu benennen. Auf diese Weise entwickelt sich aus dem Handeln das Denken und das Wissen.

Mit den Sinnestätigkeiten wie mit den Handlungen sind auch unmittelbar Empfindungen verbunden, die mit den Erlebnisinhalten gespeichert werden. Sie beeinflussen nicht nur das Interesse und die Motivation des Kindes in fördernder oder hemmender Weise, sondern bilden auch die Voraussetzung für die innere Bereitschaft, Beziehungen zu Menschen, Tieren und Dingen aufzubauen.

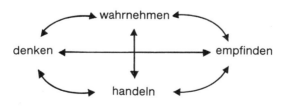

---

[1] Siehe *Elfriede Feudel:* Durchbruch zum Rhythmischen in der Erziehung. Klett-Verlag, Stuttgart ³1974.

Einführung 10

Dieses Zusammenspiel der körperlichen, seelischen und geistigen Kräfte will die Rhythmik mit ihren erzieherischen Methoden erhalten und fördern. Sie will Impulse geben für einen Erziehungsprozeß, in dem sich persönliche Entwicklung verwirklichen kann und gleichwertig auch die Begegnung und Auseinandersetzung mit anderen im gemeinsamen Tun ermöglicht wird.

„Und wenn das ganze System der rhythmischen Erziehung sich auf der Musik aufbaut, so geschieht dies eben, weil die Musik eine hervorragende psychische Kraft ist, eine dem Seelenleben und dem Ausdruckswillen zugleich entspringende Kraft, die durch ihre anregende und ordnende Gewalt unsere sämtlichen vitalen Funktionen zu regeln vermag."[2]

Aus der Überzeugung heraus, daß die intensivste Lebens- und damit Lernform des Kindes das Spiel ist, gestalten wir unsere Rhythmikstunden als Spielgeschehen. Darin sollen den Kindern vielfältige Erfahrungsquellen angeboten werden, die ihnen ermöglichen

- ihre Wahrnehmungsfähigkeiten und ein damit verbundenes differenziertes Bewegungsverhalten zu entwickeln, um Sicherheit, Selbständigkeit und Selbstvertrauen in ihrem Handeln aufzubauen;
- Orientierung in Raum und Zeit zu lernen und das geschickte Umgehen mit den Kräften zu üben, die die Bewegungen des Körpers beeinflussen;
- eigene schöpferische Ideen entfalten zu lernen und sie im Austausch mit den Mitspielern weiterzuentwickeln;
- durch das musische Tun in der Gruppe die Fähigkeit zu entwickeln, soziale Spielregeln anzuerkennen, sie mitzutragen und auch mitgestalten zu dürfen;
- verwertbare Lerninhalte musikalischer wie allgemeiner Art in der Beziehung von Erleben – Erkennen – Benennen aufzunehmen.

In der Praxis der Rhythmik zeigt sich immer wieder, wie stark diese Erziehung zur *Menschenbildung* beitragen kann,

---

[2] *Emile Jaques-Dalcroze:* Rhythmus, Musik und Erziehung. Georg Kallmeyer Verlag, Wolfenbüttel, S. 75.

weil sich musikalische Spielregeln, Bewegungsverhalten und soziale Umgangsformen miteinander verbinden.

In diesem Sinn sehe ich in der „rhythmischen Idee" auch einen Beitrag zur Menschlichkeit.

„Eine wirkliche Erziehung ist eine, die, in sich selbst wertvoll, unser Handeln, unsere Haltung, unser Denken in der gleichen Weise durchdringt, wie die Musik unser ganzes Wesen durchdringt."

Jehudi Menuhin

Weitere Literaturhinweise:
Fida Brunner-Danuser: Mimi Scheiblauer – Musik und Bewegung. Atlantis Musikbuch-Verlag, 1984.
Alice Erdmann: humanitas rhythmica. Bouvier-Verlag, 1982
Gertrud Bünner/Peter Röthig: Grundlagen und Methoden rhythmischer Erziehung. Klett 1975.

2. Bewegung – Musik – Sprache

WALTRAUD FINK-KLEIN

Die Mittel im rhythmischen Erziehungsbereich sind Bewegung, Musik und Sprache.

Bewegung

„Bewegungen sind mehr als ‚bloße' Bewegungen, sie sind Urformen der Begriffe, des Denkens und der Haltungen des Menschen. Insofern ist motorische Erziehung eine besondere Form der geistigen Bildung; ..."[1]

Zuerst muß der Mensch Eindrücke sammeln, erst dann kann er sich ausdrücken. Das Kind nimmt über die Bewegung Beschaffenheiten, Eigenschaften auf, macht Lernprozesse über den Körper durch, welche gespeichert werden und nach vielen Wiederholungen abrufbar sind. So lernt es greifen, sitzen, krabbeln, gehen, sprechen, unterscheiden, einordnen, differenzieren, wahrnehmen, fühlen und vieles mehr.

---

[1] Prof. Dr. phil. *Heinz Bach:* Die psychomotorische Erziehung, Referat, Universität Mainz, 1970.

Bekommt nun das Kind – seinem Bedürfnis entsprechend
– genügend Möglichkeiten, sich körperlich zu betätigen, so
wird es geschickt und sicher auch neue Wege erproben. Somit werden Mut, Selbständigkeit und Selbstvertrauen aufge-
baut, und ein gesundes Selbstbewußtsein kann sich entwik-
keln. Natürlich muß es sich um Bewegungen handeln,
welche Kinder gerne ausführen, da sie an ihrem Interesse an-
knüpfen und ihrem Bewegungsvermögen entsprechen bzw.
dieses sinnvoll unterstützen. *Dabei ist von großer Bedeutung,*
daß die Erzieherin die Kinder beobachtet, ihre Körpersprache
verstehen lernt und danach ihr Angebot ausrichtet.
Der Erzieher ist bei unseren Bewegungsangeboten nicht
Außenstehender, sondern Mitspieler. Selbst wenn seine Bewegungen nicht „vorbildlich" sind, wird er doch das Vorbild
der Kinder sein, da diese in den ersten sieben Lebensjahren
primär über die Nachahmung lernen und sich am Erwachsenen orientieren. Die Bewegungsaktion des Erziehers wird
also beim Kind immer eine unbewußte Bewegungsreaktion
bewirken; es ist den Bewegungen des Erziehers ausgeliefert.
Deshalb haben wir in unseren Spielen versucht, die Bewegungen sehr sorgfältig zu beschreiben. Sicher wird es trotzdem jede Erzieherin auf ihre Art umsetzen.
Eine besondere Aussagekraft besitzt die *Hand* des Menschen. Dies möchte ich erwähnen, weil Finger- und Handge-
stenspiele, angeboten mit musikalisch-gestalteter Sprache,
den Kindern viel Freude machen, Aussagen bekräftigen und
zu vielerlei schöpferischen Prozessen anregen können.
Hand- und Fingerbewegungen verbessern nicht nur die
Geschicklichkeit, sie wirken sich auch auf die *Sprachentwick-*
lung aus. Das Zentrum von Hand und Handgelenk liegt nahe
dem Sprachzentrum im Gehirn. Durch Forschungen mit
sprachgestörten Kindern kann hier ein Zusammenhang be-
legt werden. Es wurde festgestellt, „... daß der Stand ihrer
Sprachentwicklung immer im direkten Verhältnis zum Entwicklungsstand und der Feinmotorik der Finger stand."[2]
In unseren Rhythmikstunden stehen kleinmotorische und

---

[2] Prof. *M. Mariela Kolzowa:* Das Kind lernt sprechen. In: Ztschr. Der Kinderarzt,
6/1975.

großmotorische Spiele gleichwertig nebeneinander, beziehen sich aufeinander – je nachdem, wie die Handlung und das Bewegungskönnen der Kinder dies im Sinne eines ausgewogenen Angebotes zulassen.

Musik

Musik und ihre Erscheinungsformen erfahren, erleben die Kinder in unseren Stunden spielerisch über das eigene Tun. Der Körper wird als Instrument „bespielt".

Die Angebote beinhalten:

- Sprechgesang, Lieder, Tänze, Bewegungsmusiken,
- elementares Instrumentalspiel zur Bewegungsbegleitung und Liedbegleitung,
- erfahren von Zeitwerten und Pausen, verschiedenen Rhythmen (z. B. beim Zeitungsblatt),
- erleben unterschiedlicher Tempi (z. B. Henriette Bimmelbahn),
- Spiele mit dynamischen Elementen (z. B. Das Schiff und die See),
- Spiele mit melodischen Elementen (Tonhöhen, Tonsprünge, Melodieverlauf),
- Klang- und Geräuscherfahrungen mit Instrumenten und Materialien,
- musikalische Formen (Rondo, A – B – A),
- Wiederholungen und Varianten.

In den Rhythmikstunden erscheinen diese Begriffe nicht. Sie werden plastisch angeboten über das Spiel mit Gestalten und Elementen aus der Natur, der Umgebung und der Phantasie, welche die gewünschten musikalischen Inhalte sinnvoll darstellen lassen.

Da Musik den Empfindungsbereich des Menschen anspricht (Begriffe wie: Stimmungen – Einstimmung – Verstimmung sind nicht nur musikalisch zu deuten), sollte das Musizieren, Singen und Tanzen auch wirklich von der körperlichen Empfindung, dem Erleben ausgehen. Beobachtet man kleine Kinder, so fällt auf, daß sie sich gerne spontan zur Musik, zu Liedern und Rhythmen bewegen. Bringe ich

Einführung 14

nun ein Lied mit Bewegungen an die Kinder heran – mit Gebärden, mit Klanggesten oder als Bewegungsspiel – so habe
ich einem elementaren Bedürfnis Folge geleistet, welches
dem ganzheitlichen Empfinden kleiner Kinder entspricht
und über dieses lustvolle Tun das musikalische Erleben in-
tensiviert.

„Kinder singen von sich aus oft und relativ gut, wenn mit ihnen ein
begrenzter Liedschatz immer wieder gesungen wird."[3]

Die oftmalige *Wiederholung* von Liedern (mit phantasievollen Spielvarianten) in einer der Kinderstimme angepaßten
Tonlage gibt den Kindern Sicherheit im Umgang mit der
Stimme und läßt dadurch, daß das Liedgut allen vertraut ist,
ein Zusammengehörigkeitsgefühl in der Gruppe wachsen.
Dies gilt auch für kleine, einfache Melodien zu Tanz und Bewegung.

Selbstgebastelte *Instrumente* und Orff-Instrumente (vor-
wiegend kleines Schlagwerk) schmücken ein Lied aus oder
verstärken eine Bewegung. Sie sollen dem Klang- bzw. Be-
wegungscharakter entsprechen (z. B. Holz für Pferdegetrap-
pel, Fell für Regen, Metall für die Sonne) und werden von
der Erzieherin und den Kindern gespielt. Die Flöte (Choroi-
Flöte oder Block-Flöte) wird nur von der Erzieherin gespielt
und zur Bewegungbegleitung und bei Ruhephasen eingesetzt.

Eine Sensibilisierung über das musikalische Tun wirkt sich
auch in anderen Lebensbereichen aus:

● Zuhören können;
● abwarten können;
● sich im richtigen Moment einbringen können;
● sich einfühlen können;
● sich zurücknehmen können;
● seine Ideen und Gefühle äußern können;
● sich in gegebene Situationen einordnen können.

Somit leistet rhythmisch-musikalische Erziehung immer
auch einen Beitrag zur Sozialerziehung.

---

[3] *Helmut Moog:* Das Musikerleben des vorschulpflichtigen Kindes. Schott-Verlag,
Mainz 1968.

Sprache

„Du hast doch gesungen, daß das Rübchen nicht herausgeht!" Mit diesem Ausspruch wollte ein fünfjähriges Kind während eines *Sprach*-Gebärdenspiels an die besagte Tatsache erinnern. Kleine Kinder empfinden Sprache als Musik, sobald mit der Sprache gestaltet wird und dadurch die Inhalte lebendig werden. Sprachmelodie, Sprachrhythmus und Sprachdynamik spielen dabei eine wichtige Rolle, um den richtigen Ausdruck zu finden. Durch die sprachliche Gestaltung können die Worte in ihrer ursprünglichen Bedeutung *erlebt* werden. Unterstützend werden Wortschöpfungen eingefügt, welche die Sprach- und Bewegungsgebärden verbinden und verdeutlichen.

Die folgenden Beispiele zeigen auf, wie musikalische Elemente in der Sprache enthalten sind:
   Beim Vogelspiel werden die Flügelbewegungen (ruhiges Fliegen) ganz *melodisch*, fast singend (Sprechgesang) begleitet:

Von dem Himmel, ganz hoch droben
kommt ein Vöglein angeflogen.
Fliegt und schwingt ganz unbeschwert,
so wie es sein Herz begehrt.
Fliegen, fliegen, auf und nieder,
schwingen, schwingen, immer wieder ...

Ganz anders geht es beim *rhythmisch* stapfenden Riesen zu:

Holter, polter, holler, potz,
durch den Wald stapft Oberpotz.

Kommt jedoch der Wind und bläst mit unterschiedlicher Kraft, mangelt es der Sprache nicht an *dynamischen* Merkmalen:

Er stemmt in beide Seiten
die Arme,
bläst die Backen auf,
und bläst – ffsch – ffsch –
ffsch – ffsch –
und bläst – schui – schui –
schui – schui –
schui – schui – schui – schui –

Einführung

und richtig –
der Apfel wacht erschrocken auf.
Und springt vom Baum herunter ...

Kinder lieben die gereimte Sprache. Geleiertes Sprechen der Reime beeindruckt sie jedoch wenig. Dramatisierung dagegen nimmt Kinder sehr gefangen und kann belastend wirken. Deswegen ist es wichtig, daß die Sprache heiter und vom objektiven Inhalt her „musikalisiert" wird.

Der den Reim zugrundeliegende *Rhythmus* läßt das Kind zu einem Einschwingen kommen, bei dem es sich geborgen fühlt und gehalten erlebt. Ein schaukelndes, schwingendes Empfinden wiederum bringt dynamische Impulse mit anschwellenden und abklingenden Momenten ins Spiel.

Nicht immer enthalten Reime logische Sinnzusammenhänge. Dann steht die *Lautmalerei* im Vordergrund. Dabei werden die Kinder angeregt, mit der Sprache zu experimentieren, wobei rhythmisch gesprochene Silben, klangvolle Wortverbindungen mit phantasievollen Veränderungen von Lautstärke und Betonung Anreize zum Spielen geben. Atmung, Stimme und Artikulation können hiermit wunderbar beeinflußt werden.

Nicht zuletzt trägt die „Verdichtung" in einem Reim *Aussagen* eindrücklicher an uns heran: In der Gliederung durch das jeweilige Versmaß können vielfältige Inhalte in prägnanter Form in wenigen Worten vermittelt werden.

Frau Prof. *Wilma Ellersiek* (ehemals Dozentin für Rhythmik und Sprecherziehung an der Musikhochschule Stuttgart) hat eine Vorschulrhythmik entwickelt, bei der Spiele über die *künstlerisch gestaltete musikalische Sprache* in Verbindung mit der Bewegung an die Kinder herangetragen werden.

Weitere Literaturhinweise
Wilma Ellersiek: Hochschulinternes Arbeitsmaterial. Stuttgart, 1977–1980.
Alice Erdmann: humanitas rhythmica. Bouvier-Verlag, 1982.
Frank Gillhausen: Merkmale des Rhythmischen in gebundener Sprache: In: Ztschr. Rhythmik in der Erziehung, 3/1984.

3. Das rhythmische Spiel

IRIS REICHMANN

Zweckfrei, phantasievoll und in unterschiedlichster Weise setzt sich das Kind täglich mit seiner Umgebung, der Welt der Dinge, der Natur und seinem sozialen Umfeld auseinander. Diese Auseinandersetzung erlebt das Kind im Spiel.

„Spiel ist eine Form des aktiven Lebens." (Eibl-Eibesfeld)

- etwas tun – ausruhen
- miteinander spielen – alleine spielen
- neugierig sein
- entdecken – beobachten – schaffen
- sich anspannen und entspannen
- Erfolg und Mißerfolg
- agieren und reagieren
- Phantasie entwickeln
- und ...

Für das Vorschulkind unterscheiden sich drei Gruppen:

1. Das *Rollenspiel,* das durch Nachahmung von Handlungen, Personen, Tier und Pflanzenwelt und aus der Umdeutung und Verlebendigung der Dingwelt entsteht.
2. Das *Funktionsspiel,* das aus der Freude an der Bewegung und Veränderung entsteht.
3. Das *werkschaffende Spiel:* Aus der Freude an der Bewegung wird dann die Freude am Produkt. Es wird etwas geschaffen, gebaut, geformt, gestaltet.

In allem spielerischen Tun entwickelt sich der Körper mit all seinen Bewegungs- und Sinnesfunktionen; das Gefühl und das Gemüt; der Intellekt und der Geist. Im rhythmischen Spiel zielt die geführte Bewegung auf vertieftes Mitempfinden und gedankliches Mitvollziehen. Hinzu kommt, daß dem Kind nicht nur grundlegende Phänomene und Gesetzmäßigkeiten unserer Welt begreifbarer werden, sondern es lernt sich selbst kennen und kann sich im Spiel verwirklichen. Deshalb heißt Spielen ganzheitliches Erleben und Lernen.

Einführung 18

Das nicht mehr spontan, sondern vom Erzieher bewußt geführte rhythmische Spiel soll den Erfahrungsschatz der Kinder bereichern und ordnen, Körper- und Sinnesfunktionen schulen, schöpferische Kräfte wecken. Deshalb bilden Geschichten und Reime aus der Tier- und Märchenwelt, Ereignisse aus dem Tages- und Jahresablauf, ein Bilderbuch, ein Gedicht oder Lied den Rahmen des Spielgeschehens. In diesem mit Musik, Sprache und Bewegung gestalteten Spiel werden die Spielfiguren nachempfunden, geübt und erfaßt und in Reimen und Liedern rhythmisch gestaltet. Diese rhythmischen Spiele ordnen und formen den Stundenablauf.

Merkmale unserer rhythmischen Spiele

- Thema und Stundengestaltung orientieren sich am Entwicklungsstand und Alter der Kinder und an der Zusammensetzung und den Bedürfnissen der Gruppe.
- Wichtiger ist der Prozeß, der Ablauf, und nicht das Endprodukt, eine erbrachte Leistung.
- Der Erzieher versteht sich als Mitspieler, der das Geschehen überschaut, lenkt und begleitet. Durch sein Mittun, sein Vorspielen führt er das Spiel. So treten Ansagen und Erklärungen in den Hintergrund. Dies schafft eine gute Spielatmosphäre, in der sich das Kind tummeln und doch das Erfahrene tief aufnehmen kann.
- Im Mittelpunkt stehen Erleben, Erfahren, Begreifen.
- Dieses geführte Spiel muß genügend Freiraum für Ideen und Wünsche der Kinder zum Ausprobieren und Mitgestalten lassen.
- Es fordert immer den ganzen Menschen und ist kein isoliertes Üben einzelner Lernziele.
- Die Spiele haben – ohne das Prinzip der Ganzheit zu verlieren – ihre Schwerpunkte: einmal mehr musikalisch orientiert, dann in der Bewegungsschulung und Geschicklichkeitsübung, in Sensibilisierung und Wahrnehmung oder in der Berücksichtigung der sozialen Aspekte.
- Wie die Musik und der Tanz, lebt das rhythmische Spiel von ruhigen und bewegten Phasen, von Spannung und Entspannung. Dieser Wechsel ist unbedingt notwendig.

- Überschaubare Spieleinheiten, kindgemäße Spannungsbögen; Lieder, Melodien und Tonlagen, die der Stimme der Kinder entsprechen, sind ebenso selbstverständlich wie für das Wachstum förderliche Bewegungen.
- Wiederholungen sind nicht nur ein Grundbedürfnis der Kinder, sondern vertiefen Eindrücke und üben Fertigkeiten.

Zur rhythmischen Spielgestaltung

Ähnlich dem Rollenspiel schlüpfen die Kinder und der Erzieher in die Spielgestalten, in denen die rhythmischen Inhalte erfahren werden. Jedoch erfolgt meist keine Rollentrennung, sondern alle spielen alles.

Der Spielverlauf orientiert sich an der Geschichte, dem Vers oder ähnlichem und soll in logischer Abfolge gestaltet sein. Dies bezieht sich sowohl auf den Spiel-, als auch auf den rhythmischen Inhalt: Wechsel von Ruhe und Bewegung, Wechsel zwischen Spielen im Raum und am Platz, Wechsel von mehr sensorischen oder mehr motorischen Angeboten, um nur einige Beispiele zu nennen. Auch der Einsatz von Instrumenten und Materialien wird entsprechend angepaßt.

Neben der Raum- und Materialvorbereitung nimmt sich der Erzieher vor der Rhythmikstunde auch einige Minuten Zeit zur inneren Sammlung für sich selbst. Schafft er es, in das Spiel einzutauchen, so motiviert dies die Kinder und fördert die Spielatmosphäre. Doch auch die Kinder brauchen Zeit für den Einstieg in das Spiel. In der Praxis erweist sich ein Anfangsvers oder Lied, das über mehrere Stunden gleich bleibt, als sehr sinnvoll. Dazu sitzen wir in einem Kreis oder Halbkreis (eventuell auch Stuhlkreis), der bis zum Überleiten in das Stundenthema erhalten bleibt. Ein erstes Vorstellen der Spielgestalten mit Handgesten erfolgt ebenso in diesem Kreis. Dann geht das Spiel in den Raum hinein und führt zum Abschluß wieder zum Ausgangspunkt zurück.

Die in diesem Buch beschriebenen Stunden sind als Orientierung und Vorschlag gedacht. Natürlich richtet sich der Spielleiter nach seiner Kindergruppe und nicht zuletzt auch nach seiner Person, denn er selbst muß sich mit seinem Spiel-

Einführung 20

angebot identifizieren. Er bietet es den Kindern so an, daß
sie sich ungezwungen im Spiel tummeln können.

Literaturhinweise
Lotte Schenk-Danzinger: Entwicklungspsychologie. Österreichischer Bundesverlag, Wien.
Anselm Ernst: Musik und Spiel. In: kindergarten heute, 4/81, Verlag Herder, Freiburg.

Aus der Praxis – für die Praxis

Waltraud Fink-Klein

Innerhalb meines Lehrauftrages an einer Fachschule für Sozialpädagogik hatte ich in den letzten Jahren die Möglichkeit, Kinderstunden (mit und ohne Mütter) mit Kindern verschiedener Altersstufen im Kindergarten durchzuführen. Diese Durchdringung von Theorie und Praxis bereicherte den Unterrichtsstoff durch viele wertvolle Erfahrungen. Einige dieser Rhythmikstunden – welche von den Kindern oftmals in phantasievoller Weise ergänzt und erweitert wurden – sind in dieses Buch aufgenommen.

Der Rahmen meiner Spielstunden

Der Rahmen zu meinen Spielstunden bleibt über eine längere Zeit hinweg gleich, damit die Kinder auf die Rhythmikstunde eingestimmt werden und sich darauf einstellen können.

1. Einstimmung

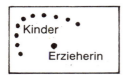

Die Kinder sitzen auf Stühlen oder Hockern im Halbkreis. Die Stühle bzw. Hocker sollen so stehen, daß sie beim Bewegungsspiel im Raum nicht behindern.

Wir singen am Anfang unser Lied zur Rhythmikstunde.

✳ **Lied zur Rhythmikstunde** Text und Melodie: W. Fink-Klein

● Anfangsstrophe:

Wird das Lied *neu* eingeführt, so ist es günstig, den Kindern vorher etwas über das zu erzählen, was wir in der Rhythmik tun wollen: Tanzen, Springen, Singen und klingendes Musizieren. So prägt sich der Text besser ein, und die Kinder wissen ein klein wenig, was auf sie zukommt.

Kleinere Kinder singen bei diesem einfachen Liedchen vielleicht erst in der 2. oder 3. Stunde mit. Es entfällt ein oftmaliges Wiederholen in einer Stunde, da wir ja am Anfang jeder Stunde das gleiche singen.

Größere Kinder singen bald mit und nehmen dann auch die Klanggesten auf.

Vorschläge für die Klanggesten:

Das Spiel soll beginnen x x	– klatschen = x
mit Tanzen und Springen. ∧ ∨ ∧ ∨ ∧ ∨	– mit den Fußspitzen abwechselnd Tippen: ∧ = rechts, ∨ = links.
Mit frohem Gesang ◡ ◡ ◡ ◡	– Dirigierbewegungen: Mit beiden Händen von innen nach außen und umgekehrt pendeln.
und heiterem Klang. x o x o x	– klatschen und patschen im Wechsel: x = klatschen, o = patschen. (Dieser Teil kann mit den Kindern nach Belieben variiert werden.)

- **Klangspiel:**

Nachdem die Anfangsstrophe ein- bis zweimal gesungen wurde, gehen wir zum Klangspiel mit einem Metallinstrument über. Das kann ein Glöckchen, eine kleine Triangel, Fingercymbeln, eine Klangröhre oder der Ton a' auf einem Glockenspiel sein. Das Instrument wird ganz zart angeschlagen (mit Gummiklöppel oder aneinander), und alle hören nun darauf, wie lange es klingen kann. So stellt sich eine Ruhe ein, die den Kindern hilft, sich zu konzentrieren, um leichter in das Spielgeschehen hineinzufinden.

Ist das Instrument fast ausgeklungen, singen wir:

Das Spiel auf dem Metallinstrument kann – je nach Alter und Vorerfahrung der Kinder – unterschiedlich gehandhabt werden:
– der Erzieher spielt alleine, oder:
– der Erzieher spielt nacheinander mit jedem Kind, oder:
– jedes Kind spielt alleine das Instrument.

Nun kann mit dem eigentlichen Thema begonnen werden.

2. Ausklang

Zum Abschluß unseres Spiels singen wir die Schlußstrophe

Der Rahmen meiner Spielstunden

vom „Lied zur Rhythmikstunde". Davor läßt die Erzieherin nocheinmal das Klangspiel erklingen:

● **Klangspiel:**

Das gleiche Instrument wie am Anfang der Stunde wird angeschlagen.

✱ **Schlußstrophe:**

oder: *Wir gehen nach Haus, das Spiel ist jetzt aus.*

So kann die Stunde ähnlich, wie sie begonnen hat, ausklingen.

Was spielt sich zwischen Einstimmung und Ausklang ab?

Reime, Geschichten, Märchen, Bilderbücher gehören in den Kindergartenalltag. Diese lebendig werden zu lassen, sie den Kindern als Erlebnis anzubieten, ist mein Anliegen.

Der Schwerpunkt meiner Rhythmikstunden liegt daher in der Gestaltung mit der *Sprache*.

Jede Kindergruppe ist anders, deshalb gelten diese Ausführungen als Vorschläge, nicht als Festlegungen. Der Leser und erfahrene Pädagoge soll durch meine Ideen und die Art, wie damit umgegangen wird, Lust zur eigenen Durchführung bekommen und dazuhin didaktisch-methodische Hinweise erhalten.

Da ein Thema immer über längere Zeit geführt wird, „lohnt" es sich, die Reime und Verse auswendig zu lernen. Der Aufwand scheint am Anfang sehr groß. Nach einer gewissen Zeit wird der Erzieher merken, daß er mit seinem „Material" vielfältig umgehen und spielen kann – gleich einem Instrumentalisten, der durch Übung sein Spiel festigt und differenziert.

Der Schmetterling

Spieleinheit zu einem Reim von Waltraud Fink-Klein für Kinder ab 4 Jahre.

A. Zum Thema

Erfahrungsgemäß schlüpfen Kinder gerne in die Gestalt des flatternden, gaukelnden Schmetterlings. Seine luftig-leichten Bewegungen entführen in ein melodisch-dynamisch geprägtes Spiel.

Kleine Varianten lassen die Mitspieler in diesem einfachen Spiel zu vielfältigem Erleben kommen. Je nach Alter und Entwicklungsstand kann mit dem hier vorgestellten Material unterschiedlich gearbeitet werden.

B. Vorschläge zum Verlauf einer Stunde

1. Einstimmung

✳ „Lied zur Rhythmikstunde" – Anfangsstrophe (siehe S. 22)

● Klangspiel zur Einstimmung (siehe S. 23)

2. Hinführung zum Thema

Dies kann geschehen durch:

– Erzählen einer kurzen Begebenheit, von einem Erlebnis mit einem Schmetterling, *oder:*
– Wir schauen uns im Garten um, ob wir einen Schmetterling sehen können und beobachten ihn (eventuell vom Fenster aus), *oder:*
– Die Kinder schauen zu, wie mein Schmetterling (Handgeste, siehe Handgestenspiel S. 26) hinter meinem Rücken hervorgaukelt und lustig hin- und herflattert. Er besucht uns heute im Kindergarten.

Der Schmetterling 26

Nun kann das Handgestenspiel vorgestellt werden:

3. Spieldurchführung

● **Handgestenspiel:**

Schmetterling, mein Schmetterling gaukelt, gaukelt leicht im Wind.

Schmetterling, mein Schmetterling gaukelt, gaukelt leicht im Wind.
Setzt sich auf den Kopf vom Kind.

<u>Ruht</u> sich <u>aus,</u>

<u>ruht</u> sich <u>aus,</u>

und fliegt dann zurück nach Haus,

fliegt zurück nach Haus.

Die zusammengelegten Finger der rechten Hand (Daumen an Zeigefinger angelegt) bewegen sich im Mittelhandknochen mit kleinen, schnellen Bewegungen auf und ab, jedoch nicht an einem Platz, sondern vor dem Körper schaukelnd – hin und her. Leicht und melodisch sprechen, nicht zu stark rhythmisieren.
Handrücken wird auf den Kopf gesetzt, die Flatterbewegung eingestellt.
___: Leichte Bewegung im Mittelhandknochen, sehr ruhig sprechen, eher in einer tieferen Stimmlage.
Der Schmetterling (Handgeste siehe oben) gaukelt mit schnellen, leichten Bewegungen durch die Luft und verschwindet hinter oder unter einem Körperteil.

Spielformen zum Handgestenspiel:

Dieses kleinmotorische Spiel kann nun in verschiedenen Varianten wiederholt werden:

- Die Erzieherin spielt das Handgestenspiel und läßt nun den Schmetterling auf einen Kinderkopf fliegen. So lange wiederholen, bis alle Kinderköpfe beflattert worden sind.
- Die Kinderhände verwandeln sich auch in einen Schmetterling und flattern und gaukeln (ohne Reim).

– Zum Ausruhen setzen sich unsere Schmetterlinge nicht nur auf den Kopf, sie suchen sich verschiedene Körperteile aus: die Hand, den Oberschenkel, das Knie, den Fuß, die Nase ...
– Jedes Kind darf seinen Schmetterling auf einen selbstergewählten Körperteil setzen. Die Erzieherin spricht den Anfangstext des Reimes dazu und schaut dann bei jedem Kind, wo sich sein Schmetterling hingesetzt hat. Der entsprechende Körperteil wird nun eingesetzt:

> *„Setzt sich auf das Knie von Harald,*
> *setzt sich auf die Nas' von der Ruth,*
> *setzt sich auf die Zehen von ...*
> *und fliegt dann zurück nach Haus,*
> *fliegt zurück nach Haus."*

– Wir sprechen unseren Reim, lassen die Schmetterlinge dazu gaukeln und bei allen Kindern auf dem gleichen Körperteil ausruhen.

● **Bewegungsspiel im Raum:**

Wir lassen unseren Schmetterling durch den ganzen Raum gaukeln und tänzeln fröhlich mit ihm umher.

Diese Idee kam während einer Rhythmikstunde von den Kindern – sie wollten den Schmetterling nicht nur auf dem eigenen Körper ausruhen lassen, sondern auch z. B. auf dem Fensterbrett. Manche Kinder ließen sogar zwei Schmetterlinge (beide Hände) umhergaukeln.

Hierbei wird die Handgeste beibehalten. Wir flattern und gaukeln mit leicht hin- und herschaukelndem Oberkörper und bewegen uns dazu leichtfüßig frei im Raum.

Spielformen zum Bewegungsspiel im Raum:

– Jedes Kind darf seinen Schmetterling an einen selbstergewählten Platz im Raum flattern lassen, ruht mit ihm aus und fliegt mit ihm zurück nach Haus. Das Zuhause war in unserem Spiel der Stuhlkreis in einer Raumecke, der nach dem Handgestenspiel stehenbleiben konnte.
– Wir verwandeln unseren Raum in eine grüne Wiese und legen darauf mit einem Reifen und Seilen eine große Blüte.

Der Schmetterling 28

Jedes Kind bekommt ein Seil und legt damit für seinen Schmetterling ein Blütenblatt.

– Nun dürfen die Schmetterlinge immer wieder ausfliegen, umhergaukeln und zu ihrem Blütenblatt zum Ausruhen flattern.

– Des Gaukelns und Flatterns müde geworden, bleiben wir zu Hause und ruhen uns dort länger aus. Die Erzieherin summt dazu zart und leise ein Ruhelied (z. B. siehe S. 37).

4. Abschluß

Wir lassen unsere Schmetterlinge schlafen. Nächste Woche wollen wir wieder mit ihnen spielen.

5. Ausklang

Den Ausklang bildet das „Lied zur Rhythmikstunde" mit
✳ Schlußstrophe (siehe S. 24) und
● Klangspiel zum Ausklang (siehe S. 24).

C. Didaktisch-methodische Überlegungen zu weiteren Spielmöglichkeiten

Eine Woche später sollte das Schmetterlingsspiel aufgegriffen, verfestigt und weitergeführt werden. Nun kommt es darauf an, was in der ersten Stunde durchgeführt wurde und wie die Kinder die Bewegungen nachvollziehen konnten. Darauf aufbauend wird die *zweite* Stunde angelegt.

Wird das Handgestenspiel nach der Einstimmung wiederholt, so sind die Kinder erfahrungsgemäß schnell wieder „mittendrin".

Nun kann der Reim zum Lied werden. Die Erzieherin singt zur bereits bekannten Bewegung:

* **„Das Schmetterlingslied"** Text und Melodie: W. Fink-Klein

Das Bewegungsspiel im Raum kann nun mit dem Lied wiederholt werden. Erfahrungsgemäß singen hierbei die Kinder weniger mit; sie sind zu sehr mit den Bewegungen beschäftigt. Damit dieser Teil für die singende Erzieherin nicht zu anstrengend wird, kann sie sich – wenn die Puste ausgeht – an den „Wiesenrand" stellen und den Schmetterlingen zusingen.

Das *Ausruhen* soll dieses Mal auf verschiedenen (vorgestellten) Blumen stattfinden. Wir überlegen gemeinsam, welche Blumen auf unserer Wiese blühen. Danach nennt jedes Kind *seine* Lieblingsblume von der Wiese und darf somit einmal angeben, wo zum Ausruhen hingeflattert wird: auf einen Löwenzahn, auf ein Gänseblümchen, auf einen Klatschmohn ...

Dann heißt es im Lied:

„Setzt sich auf ein Gänseblümchen."

Der Schwerpunkt der *dritten* Stunde kann nun in der *Ausschmückung des Bewegungsspieles im Raum* sein. Ausgeschnittene Blüten und Blätter, welche auf der Wiese (im Raum) verteilt werden, strukturieren den Raum und fordern das Kind auf, sich um diese Plätze herum zu bewegen, um dann schließlich auf einer Blüte oder einem Blatt auszuruhen.

Es kommt nun darauf an, wie der Erzieher den Bewegungsablauf – heute zuerst mit der Sprache – führt:

„Setzt sich auf eine Blüte geschwind."
oder:
„Setzt sich auf ein Blatt geschwind."

Die „Schmetterlinge" reagieren entsprechend, ruhen also auf einer Blüte oder einem Blatt aus, da, wo sie gerade angekommen sind.

Dieses *Ausruhen* kann nun besonders hervorgehoben werden:

Die Erzieherin geht ganz leise von einem zum anderen Schmetterling, bis sie allen mit ihrem *Instrument* (Glockenspiel oder Choroi-Klangröhre) zart zugespielt und zugesummt hat:

Dieses Motiv aus dem Lied ersetzt: „Ruht sich aus."

Nachdem die Schmetterlinge heimgeflattert sind, dürfen die Kinder (im Stuhlkreis sitzend) auf dem Ruheinstrument spielen.
– Wir wiederholen das „Lied vom Schmetterling", welches in der letzten Stunde angeboten wurde, und die Erzieherin spielt dazu im Ruheteil auf dem Ruheinstrument.
Achtung: Wenn hier nicht mit dem richtigen Ton begonnen wird, kann das schiefgehen!
– Wir gehen wieder auf unsere Wiese. Jeder Schmetterling darf sich *eine Blüte* aussuchen, zu der er immer wieder zum Ausruhen *zurückkehrt.*
– Nun will die *Flöte* die Schmetterlinge flattern und gaukeln lassen. Sie spielt die Melodie vom „Schmetterlingslied" bis zum Ausruhen. Die Schmetterlinge sind nun bei *ihren* Blüten angekommen. Nun wird das Ruheinstrument eingesetzt, welches vorher gespielt wurde. So erkennen die Kinder die Ruhephase wieder. Beginnt nun die Flöte wieder zu spielen, so fliegen die Kinder mit ihrem Schmetterling bis zum Liedende zurück nach Haus.

– Selbst eine *vierte* Stunde zu diesem Thema ist denkbar: Nach dem *gesungenen* Handgestenspiel und einer Wiederholung aus dem Raumbewegungsspiel mit der Flöte dürfen die Kinder wieder auf dem Ruheinstrument spielen, eines nach dem anderen, ganz behutsam.

Als Abschluß dieser Spieleinheit betrachten wir heute eine Auswahl von bekannten Schmetterlingen und bewundern ihre Farbenpracht. Danach darf jedes Kind eine Blüte (mit oder ohne Blatt) auf die Wiese legen. Nun wählt jedes Kind einen Schmetterling aus (Bild oder gebastelt) und läßt diesen zur Flötenmelodie flattern und zur Ruhemelodie auf seiner Blüte ruhen.

Wichtig ist bei allen Schmetterlingsstunden: Er muß flattern, gaukeln, fliegen dürfen – am Platz oder im Raum, zur Sprache, zum Lied, zum Instrument – und soll auch immer wieder zur Ruhe kommen.

D. Spielgestalten und Materialien

Spielgestalt: Schmetterling
Materialien: Hocker oder Stühle
Ein Metallinstrument (kleine Triangel, Fingercymbeln oder Klangröhre mit dem Ton a') für Einstimmung und Ausklang.
Ein Glockenspiel oder Metallophonklangstäbe mit den Tönen a' oder d'.
Eine Choroi-Klangröhre d'.
Eine Choroiflöte (pentatonisch).
Ausgeschnittene Blumenblüten und Blätter.
Bilder von Schmetterlingen und gebastelte Schmetterlinge.

Henriette Bimmelbahn

Spielmöglichkeiten zu dem Bilderbuch: „Henriette Bimmelbahn" von James Krüss und Lisl Stich, Boje Verlag (für Kinder ab 4 Jahren).

A. Zum Thema

Das Thema „Dampflokomotive" war für meine Kinder aktueller, als ich dachte, denn auf der schwäbischen Alb gibt es eine Dampflokomotive, die für Vergnügungsfahrten eingesetzt wird und mit der einige Kinder schon gefahren waren. So wurde meine Henriette freudig aufgenommen.

Im Vordergrund steht bei diesem Spiel das Tempo, das verändert werden kann, und die rhythmischen Bewegungen der Bimmelbahn.

B. Vorschläge zum Verlauf einer Stunde

1. Einstimmung

✱ Lied zur Rhythmikstunde – Anfangsstrophe (siehe S. 22)
● Klangspiel zur Einstimmung (siehe S. 23)

2. Hinführung zum Thema

Voraussetzung ist, daß die Erzieherin Bescheid weiß, wie eine Dampflokomotive funktioniert.

33   *Henriette Bimmelbahn*

Einstiegsmöglichkeiten:

- Die Kinder dürfen von Dampflokomotiven berichten, die Erzieherin erzählt ergänzend, wie sie funktioniert. Das Erzählen und Berichten soll innerhalb der Rhythmikstunde nicht zuviel Zeit in Anspruch nehmen. *Oder:*
- Die Erzieherin erzählt von ihrem Erlebnis auf einer Dampflokomotive. *Oder:*
- Wir betrachten eine gebastelte oder gekaufte Lokomotive (Modelleisenbahn) und unterhalten uns kurz darüber. *Oder:*
- Das Bild einer Dampflokomotive regt zum Erzählen an.

Das Bilderbuch „Henriette Bimmelbahn" kann bei den folgen Aufzeichnungen gut einbezogen werden, ist aber nicht unbedingt erforderlich. Die Geschichte kann auch an Hand der Reime von den Kindern nachvollzogen werden.

Wird das Bilderbuch eingesetzt, so empfiehlt es sich, es nur teilweise anzuschauen, da am Anfang nicht alle Themenbereiche angesprochen werden können. Trotzdem sollte die Geschichte noch eine Einheit bilden. Ich wählte die Strophen 1 bis 4, 10 und 12 aus und setze bei meinen Aufzeichnungen voraus, daß eine intensive Bilderbuchbetrachtung schon einige Tage vor der Rhythmikstunde stattgefunden hat. Somit entfällt die Hinführung. Zum Einstieg können die bereits bekannten Bilder noch einmal gezeigt werden.

3. Spieldurchführung

Die Lok mit all den Wagen   Übergang zum
dran heißt: Henriette Bimmel-   Klanggesten-Gebärdenspiel.
bahn!

● **Klanggesten – Gebärdenspiel:**

Text: James Krüss
Henriette heißt die nette,   Zum rhythmisch
  x   o   x   o   gesprochenen Reim
                             abwechselnd in die Hände
                             klatschen und auf die
                             Oberschenkel patschen:
alte kleine Bimmelbahn.   x = klatschen, o = patschen.
  x   o   x   o

Henriette, Henriette
x o x o
fuhr noch nie

nach einem Plan.

Verneinend mit den Händen abwinken.
Beide Hände, an den Außenkanten zusammengelegt, mit etwas Abstand vor das Gesicht halten, auf den „Plan" schauen.

Henriette steht so lange auf dem Bahnhof, wie sie mag. Und so steht sie dort auch heute an dem schönen Sommertag.

Wir sind nun auch eine Henriette Bimmelbahn. Unsere Arme und Beine sind die Räder. Diese stehen noch ganz still.

Henriette, Henriette wartet, bis das letzte Kind, bis die Großen und die Kleinen in den Zugabteilen sind.

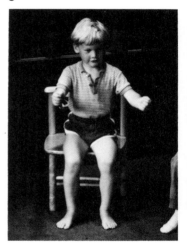

Doch dann pfeift sie: pfitt – pfitt –

Rechten Arm mit der geballten Faust zweimal senkrecht nach oben schieben, zurücknehmen.

und sie bimmelt:

Mit der rechten Hand die „Glocke" bewegen: ↓ ↑

bimmelimmelim, –

Bimmelrhythmus:
bim me lim me lim

bimmelimmelim –!

*Rattert, knattert,
dampft und faucht,
rattert, knattert,
dampft und faucht.*

*Ruckelt, zuckelt,
klappert, plappert,
ruckelt, zuckelt,
klappert, plappert,
bebt und bibbert,
rollt und raucht,
bebt und bibbert,
rollt und raucht.*

*Ruckelt,
zuckelt,
klappert,
plappert,
ruckelt,
zuckelt,
klappert,
plappert.*

*Rattert,
knattert,
dampft und
faucht,
rattert,
knattert,
dampft und
faucht.*

*Henriette, Henriette
rattert fort mit klipp und klapp,
und sie liefert in den Dörfern
jedes Kind getreulich ab.*

*Unsre alte Henriette
ruckelt müde,
zuckelt matt,*

Nun fährt sie los: Beine gehen
auf und ab, Arme kreisend vor
und zurück (gleichzeitig).
Ganz langsam anfahren, dann
etwas schneller werden.
Tempo beschleunigen.

Die Geschwindigkeit kommt
auf den Höhepunkt. So schnell
dazu sprechen, wie es die
gute Aussprache noch zuläßt.

Nun wird die Bimmelbahn
wieder langsamer:

Ganz langsam fahren.

Anhalten.
Den „aussteigenden Kindern"
nachwinken.
Bewegungen deutlich langsam
und spannungsarm ansetzen,
Stimme senken.

bimmelt leise ihre Weise:
bimmelimmelim, –
bimmelimmelim –!
und rollt heimwärts
in die Stadt.

Mit einer ganz kleinen
Bewegung bimmeln, leise
sprechen. (Bimmelrhythmus
siehe S. 34)

Bewegungen auslaufen lassen,
zum Stillstand kommen.

● **Bewegungsspiel im Raum:**

Nach dieser Spielzeit im Sitzen drängten die Kinder schon
darauf, im ganzen Raum herumzufahren. Der Ablauf des
Reimes wird in der Fortbewegung beibehalten.

Die Bimmelbahn fährt im Raum:

– Die Kinder stehen am Bahnhof (vor ihren Stühlen), klatschen und patschen und warten, bis alle eingestiegen sind.
  Die Bimmelbahn steht dabei ganz still und rührt sich nicht
  vom Fleck.
– Nach dem Pfeifen und dem Bimmeln geht die Reise los.
  Jede Bimmelbahn fährt auf einer eigenen, vorgestellten
  Strecke. Sie fährt langsam an, wird schneller bis zum Hö-
  hepunkt und wieder langsamer, bis sie matt und müde
  heimwärts rollt. Die Aussteigebahnhöfe waren bei diesem
  Spieldurchgang da, wo die einzelnen Bimmelbahnen ge-
  rade angekommen sind. Am Schluß treffen sich alle im
  Stuhlkreis.

Nach diesem Ablauf errichten die Kinder an verschiedenen
Stellen im Raum Bahnhöfe. Zur Bahnhofsmarkierung nehmen wir unsere Stühle. Ein Kind nach dem anderen sucht
sich seinen Platz:

Bahnhöfe errichten:

Wir richten eine Strecke ein,
eine neue Strecke ein. Der
Bahnhof von der (dem) ...

soll an dieser Stelle sein!

Die Kinder sitzen auf ihren
Stühlen im Kreis.
Das genannte Kind steht auf
und sucht sich mit seinem
Stuhl einen Platz.
Seine Entscheidung wird mit
diesem Satz angenommen.

Die Bimmelbahn fährt von Bahnhof zu Bahnhof:

- Jede Bimmelbahn steht nun vor ihrem Bahnhof. Wir wiederholen den Gesamtablauf in Bewegung und Sprache. Angehalten wird nun am *eigenen* Bahnhof. Hier werden die Kinder „abgeliefert", und hierher rollt die müde Henriette zurück. Wiederholung nach Bedarf.
- Wir fahren in die „Bahnhofshalle" ein und ruhen uns von dieser anstrengenden Reise aus. Das Einfahren *unter die Stühle* ist hier besonders beliebt.
Die Erzieherin spielt dazu mit der Choroi-Flöte eine Ruhemelodie.

● **Ruhemelodie:**   Melodie: W. Fink-Klein

Damit die Kinder auch wirklich zur Ruhe kommen können, gebe ich einen Tip für die Blockflöte: Ein kleines Stück (1 cm) gezupfte Wolle leicht in den Flötenkopf gelegt nimmt der Sopranflöte den in diesem Fall ungewünschten auffordernden Charakter.

Die Melodie soll nicht zu schnell gespielt werden. Sicher bedarf es einer Wiederholung bis die Kinder zur Ruhe finden.

● **Abschluß:**

Nun wollen wir wieder Kinder sein,	Aufmunternd sprechen
wir steigen in unsre Bimmelbahn ein	auf den Stuhl sitzen
und fahren mit ihr	Gewicht im Gesäß
aus dem Spielland hinaus –	verlagern: re-li, re-li.
die Rhythmikstunde ist jetzt aus!	x = in die Hände
x x x x	klatschen

● Klangspiel zum Ausklang (siehe S. 24)
✸ Schlußstrophe (siehe S. 24)

C. Didaktisch-methodische Überlegungen zu weiteren Spielmöglichkeiten

In der *zweiten* Stunde errichten wir gleich nach dem Klanggesten-Gebärdenspiel die Bahnhöfe. Wie in der letzten Stunde fährt jede Bimmelbahn von ihrem Bahnhof ab und wieder auf ihn zu.

Die große Bimmelbahn:

– Nun fahren wir als große Bimmelbahn diese Bahnhöfe an. Jedes Kind darf einmal Lokführer sein und seinen Bahnhof anfahren. Der Lokführer sagt aber vorher, wohin er fährt (Dorf oder Stadt). Der letzte Teil des Reimes: „Unsre alte Henriette ruckelt müde, zuckelt matt" wird weggelassen; er kommt erst dazu, wenn alle Kinder Lokführer waren und die Erzieherin die Bimmelbahn heimwärts rollen läßt. Das „Abstellgleis" kann eine Raumecke sein, der „Einstellplatz" unter einem Tisch.
– Die Erzieherin summt und singt das Ruhelied:

Henriette Bimmelbahn

✻ **Das Ruhelied:** Text und Melodie: W. Fink-Klein

Je nach Gruppenstärke oder wenn die Durchhaltekraft der Kinder nachläßt, ist es ratsam, an einem Bahnhof einen längeren Aufenthalt einzuschieben. Das Ruhelied kann dabei gesummt oder geflötet werden.
  Es ist auch möglich, den Anfang des Reimes bei der „großen" Bimmelbahn wegzulassen. Dann setzt der neue Lokführer gleich mit der Bewegung ein.

Als Ausweitung in der *dritten* Stunde bietet sich das *Spiel mit Glöckchen* an.

- Wir bleiben nach dem Klanggesten-Gebärdenspiel im Stuhlkreis sitzen. Die Erzieherin bringt ein eingehülltes Glöckchen mit (die Kinder sollen es noch nicht sehen) und läßt es unsichtbar erklingen. Die Kinder erraten schnell, daß das die Bimmel von der Bimmelbahn ist.
- Die Erzieherin geht nun zu jedem Kind und läßt das Glöckchen bei ihm erklingen. Sie spricht den bereits bekannten Bimmelrhythmus dazu:

- Nun bekommen alle Kinder ein Glöckchen. Die Erzieherin holt einen Korb mit Glöckchen, holt eines nach dem anderen heraus, betrachtet es mit den Kindern und stellt die Instrumente vor sich auf den Boden. Nun darf ein Kind nach dem anderen das gewünschte Glöckchen abholen.

Damit die Kinder wirklich wählen können, empfiehlt es sich,

zwei bis drei Glöckchen mehr anzubieten als gebraucht werden.

Wir benutzten Tonglocken aus kleinen Blumentöpfen in unterschiedlicher Größe (ergibt unterschiedliche Tonhöhen, was von den Kindern gleich bemerkt wurde) mit einer Holzperle als Klöppel. Sie sind bunt angemalt und werden an einem Holzgriff, der mit einer Schrauböse befestigt ist, gehalten.

Wir spielen:
– miteinander,
und in zwei Gruppen
– nacheinander
mit den Glöckchen
im Bimmelrhythmus:

Gruppe 1   Gruppe 2

mal laut – mal leise.

Dann markieren wir mit unseren Glöckchen die Bahnhöfe im Raum (Bahnhöfe errichten siehe S. 36).

Jede Bimmelbahn fährt von Bahnhof zu Bahnhof:

Jeder ist wieder eine Bimmelbahn und fährt von seinem Bahnhof ab. An entsprechender Stelle – also beim Bimmelrhythmus – muß man es so einrichten, daß der Zugführer an *seinem* Bahnhof mit dem Glöckchen bimmeln kann: Anfangs laut und kräftig, bei der Heimfahrt zart und leise.

In der *vierten* Stunde werden zwischen den Bahnhöfen Gleise mit Seilen gelegt. Wir verbinden die Bahnhöfe miteinander. Die Gleise können auch über einen Berg (Stühle) führen oder durch einen Tunnel (Gestell mit Tuch) gelegt werden. So bekommt das Spiel wieder eine neue Variante. Da können viele Bimmelbahnen oder nur eine große Bimmelbahn verkehren.

Strecke einrichten mit Glöckchen und Materialien:

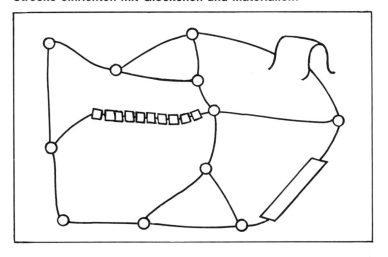

○ = Bahnhöfe, durch die Tonglocken markiert.

⌒ = Gleise, mit Seilen gelegt. Sind genügend Seile vorhanden, können die Gleise auch doppelt gelegt werden.

☐ = Berg, mit Stühlen angelegt.

⌒⌒ = Tunnel, bestehend aus einem hohen Gestell, über das ein Tuch gelegt wird.

▭ = Brücke, verkörpert durch die lange Bank.

Ist das gemeinschaftliche Werk vollendet, kann die Reise losgehen: Von einem zum anderen Ort mit der langsam anrollenden und der sich mehr oder weniger schnell bewegenden Bimmelbahn – mit den Ruhepunkten und dem fröhlichen Gebimmel – über Berg und Tal. Die rhythmisch gestaltete Sprache des Reimes begleitet das Bewegungsspiel.

Ein Lied könnte die *fünfte* Stunde bereichern. Wir besinnen uns darauf, was für Geräusche die Bimmelbahn macht.

Nun singe ich den Kindern das Lied von der „kleinen Eisenbahn" vor. Dabei sitzen wir im Stuhlkreis.

Henriette Bimmelbahn 42

✱ Die kleine Eisenbahn

Text: Rosemarie Hetzner
Melodie: Wolfram Menschick
© by Rosemarie Hetzner/Bad Wörishofen

1. Die kleine Eisen-bahn macht puff, puff, puff, die kleine Eisen-bahn macht tuut, die kleine Eisen-bahn macht tuff, tuff, tuff, mit ihr ver-reist man gut.

Nachdem die Kinder die erste Strophe mitgesungen haben, kann bei jeder Wiederholung der Strophe eine Wortschöpfung aus dem Reim eingesetzt werden:

Die kleine Eisenbahn macht bimmelimmelim,
die kleine Eisenbahn macht tuut,
die kleine Eisenbahn macht bimmelimmelim,
mit ihr verreist man gut.

Vorschläge für andere Wortbildungen:

rat-ter-knat-ter-knatt
ruk-kel-zuk-kel-zuck
klap-per-plap-per-plapp

Zu diesen Wortspielereien können Instrumente eingesetzt werden:

bim-me-lim-me-lim	– Glöckchen
rat-ter-knat-ter-knatt	– Rätsche (eingekerbter Holzstab)
ruk-kel-zuk-kel-zuck	– kleine Rassel
klap-per-plap-per-plapp	– Klapper aus Holz

Jedes Kind darf mit jedem Instrument einmal spielen. Nach dem Ausprobieren verbinden wir zunächst nur Sprache und Instrumentalspiel. So werden unsere Wortbildungen mit Klängen rhythmisch verstärkt. Nach einem Ratespiel: Was erzählt die Rassel? usw., wird das Lied wieder einbezogen.

Nach dieser Zeit im Sitzen fordert uns die letzte Strophe des Liedes zur Bewegung im Raum auf:

*Die kleine Eisenbahn macht puff, puff, puff,
die kleine Eisenbahn macht pfitt,
die kleine Eisenbahn macht tuff, tuff, tuff,
und nimmt uns alle mit!*

In der *sechsten* Stunde wiederholen wir die Spiele, die den Kindern am besten gefallen haben.

D. *Spielgestalten und Materialien*

Spielgestalt: Die Bimmelbahn
Materialien: Hocker oder Stühle.
Ein Metallinstrument für Einstimmung und Ausklang (kleine Triangel, Fingercymbeln oder Klangröhre mit dem Ton a').
Eine Choroiflöte oder Blockflöte.
Tonglöckchen aus kleinen Blumentöpfen.
Seile, ein hohes Gestell und Tücher, die lange Bank.
Kleine Rasseln, Rätschen und Klappern aus Holz.

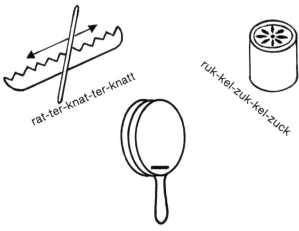

klap-per-plap-per-plapp

Vom schlafenden Apfel

Ausgestaltung mit mehreren Spieleinheiten nach einem Gedicht von Robert Reinick für Kinder ab 5 Jahre.

A. Zum Thema

Der „schlafende Apfel" als rhythmisch-musikalisches Spiel regte mich zur Ausgestaltung an, nachdem meine Schülerinnen sehr viel Spaß daran hatten, dieses Gedicht zu verklanglichen. Ich entwickelte acht Rhythmikstunden zu diesem Thema, welche bei den Kindergartenkindern sehr begehrt und beliebt waren. Immer wieder fragten sie bittend nach dem Spiel im Obstgarten, auch noch nach dem langen Zeitraum von einem Jahr.

B. Vorschläge zum Verlauf einer Stunde

1. Einstimmung

* „Lied zur Rhythmikstunde" – Anfangsstrophe (siehe S. 22)
● Klangspiel zur Einstimmung (siehe S. 23)

2. Hinführung zum Thema

Einstiegsmöglichkeiten:

– Die Erzieherin bringt einen Apfel mit und sagt den Kindern, daß es sich hier um einen ganz besonderen Apfel handelt: Sie kann von ihm eine Geschichte erzählen. Und – damit die Geschichte noch interessanter wird, erzählen die Hände und Arme mit. *Oder:*
– Wir haben im Herbst gemeinsam das Reifen der Früchte und die Obsternte beobachtet und nehmen in einem kurzen Gespräch Bezug darauf. Die Erzieherin stellt die Frage: „Sind denn schon alle Äpfel von den Bäumen heruntergefallen?"

3. Spieldurchführung

● Handgesten – Gebärden – Spiel:

Im Baum, im grünen Bettchen	Mit beiden Armen (Händen) eine Baumkrone beschreiben: Von der Mitte oben über die Seite bis zur Mitte unten und wieder zurück (Kreis vor Kopf und Oberkörper).
hoch oben	Nach oben schauen und mit der rechten Hand (alle Finger) nach oben zeigen.
sich ein Apfel wiegt.	Apfel: Rechte Hand zur Faust, Handaußenkante nach unten, Daumen nach oben strecken. Linke Hand als Blatt darüberhalten; leicht hin- und herwiegen.
Der hat so rote Bäckchen,	Blatt auflösen, linke Hand umkreist den Apfel.
man siehts, daß er im Schlafe liegt.	Beide Hände (Handinnenflächen zusammen) an die Wange legen.
Ein Kind steht unterm Baume,	mit der rechten Hand auf sich zeigen.
das schaut, und schaut	Rechte Hand wie ein Schild an die Stirn legen, nach rechts oben und links oben schauen.
und ruft hinauf:	Beide Hände an den Mund legen: Schalltrichter.
Ach Apfel, komm herunter, hör endlich doch mit Schlafen auf!	Stimme heben, bittend sprechen.
Es hat ihn so gebeten, glaubt ihr, er wäre aufgewacht? Er rührt sich nicht im Bette,	Handgeste auflösen, sich den Kindern zuwenden, fragend sprechen. Handgeste „Apfel" aufnehmen, nicht bewegen, Sprache auf einem Ton lassen.
Sieht aus, als ob im Schlaf er lacht.	Den Daumen der rechten Hand bei „lacht" ganz leicht bewegen.

Vom schlafenden Apfel 46

Da –
kommt die liebe Sonne
am Himmel hoch
daherspaziert.

Spannungspause –
Umschalten: Beide Arme mit
gespreizten Fingern als Sonne
im großen Bogen seitlich, von
unten nach oben langsam
aufgehen lassen, oben noch
etwas hin- und herbewegen.

Ach Sonne, liebe Sonne,
mach du, daß sich der Apfel
rührt!

Zur Sonne schauen, bittend
sprechen.

Die Sonne spricht:
warum nicht?

Zu den Kindern schauen,
Arme ruhig halten.

Und wirft ihm Strahlen ins Ge-
sicht

Finger nacheinander leicht
und schnell (wie
Sonnenstrahlen) nach vorne
schicken; Akzente, wie
unterstrichen, setzen, Hände
gehen leicht mit nach vorne
oben.

Küßt ihn dazu so freundlich;

Bei „küßt" nur einen Akzent
(mit beiden Händen) setzen,
Sonne auflösen.

der Apfel aber rührt sich nicht.

Handgesten und Sprache
siehe vorne.

Nun schau,
da kommt ein Vogel

Auftakt – es kommt eine neue
Spielgestalt: Vogel. Mit der
rechten Hand (Arm) – von der
linken Seite angesetzt – in
Kopfhöhe schwingen. Dabei
im Handgelenk locker auf- und
abbewegen, Handinnenfläche
zeigt nach unten, dem Vogel
nachschauen.

und setzt sich auf den Baum
hinauf.

Bei „setzt" mit einer klaren
Abwärtsbewegung den
rechten Ellenbogen senkrecht
auf die bereitgehaltene linke
Handinnenfläche setzen.
Gleichzeitig wird aus dem
Flügel ein Schnabel; Daumen
und Zeigefinger sind
ausgestreckt
zusammengelegt,

Ei, Vogel, du mußt singen: Gewiß, gewiß, das weckt ihn auf!
Der Vogel wetzt den Schnabel

und singt ein Lied so wundernett:
Zip-zierie –lie,
zip-zie-rie.

Er singt aus voller Kehle:
Zip-zierie –lie,
zip-zie-rie,
der Apfel rührt sich nicht im Bett.
Und –
wer kam nun gegangen?

Es war –
schui – schui –

der Wind –
schui – schui –

den kenn' ich schon;
schui – schui –
schui – schui –

der küßt nicht und der singt nicht,
der pfeift aus einem andern Ton.
Er stemmt in beide Seiten die Arme,

bläst die Backen auf,

---

die anderen Finger sind eingerollt.
Mit neuem Mut zum Vogel sprechen.
Vogelschnabel bewegt sich wetzend hin und her.
Vogelschnabel geht auf und zu:
Zip-zierie-lie

| ♩ ♩ ♩ | kleine Melodie dazu

Zip-zie-rie

| ♩ ♩ ♩ | improvisieren.

Handgeste und Sprache siehe vorne.
Spannungspause.
Fragend dehnen, Spannung erhöhen.
Geste Wind: Beide Arme im Bogen mit einer akzentuiert angesetzten Bewegung von rechts nach links wehen (Handinnenflächen nach unten), über den Kopf zurücknehmen (Kreis).
Bei jeder Silbe neu ansetzen.
Einhalten, zu den Kindern sprechen; Geste „Wind" wiederholen, an Lautstärke und Kraft etwas zunehmen.
Einhalten, zu den Kindern sprechen; Geste „Wind" wiederholen, noch stärker dynamisch gestalten.
Einhalten, zu den Kindern sprechen (Ruhe vor dem Sturm).
Mit einer deutlich akzentuierten Bewegung beide Arme in die Seiten stemmen, Fäuste ballen. Backen aufblasen, sich aufplustern.

und bläst – ffsch – ffsch – ffsch – ffsch –	Beide Hände an den Mund legen und kräftig blasen, dabei die Hände etwas breiter nach vorne ziehen.
und bläst schui – schui – schui – schui – schui – schui – schui – schui –	Geste „Wind" wiederholen (siehe oben).
und richtig –	Windgebärde ruckartig abbrechen, überrascht sprechen, nach oben (zum Baum) schauen.
der Apfel wacht erschrocken auf.	Handgeste „Apfel" aufnehmen. Apfel einmal schütteln.
Und springt vom Baum herunter	Bei „springt" den Apfel mit einem Akzent in den Schoß fallen lassen (das Blatt bleibt oben), nachschauen.
grad in die Schürze von dem Kind;	Blick auf dem Schoß (Schürze) ruhen lassen.
das hebt ihn auf und freut sich und ruft: *ich danke schön, Herr Wind!*	Apfel mit der linken Hand aufnehmen und dankend nicken.

Die 5- bis 6jährigen Kinder machen meist schon beim ersten Erzählen die Handgesten und Gebärden mit, dann kann das Spiel gleich fortgesetzt werden.

Manche Kinder sind aber beim ersten Durchspiel so beeindruckt, daß sie die Bewegungen nicht mitvollziehen. Dann kann man ruhig wiederholen.

Es kam in meinen Stunden auch vor, daß die Kinder von sich aus eine Wiederholung wollten. Jede Erzieherin wird hier der Situation entsprechend vorgehen müssen.

Der Ausspruch: „sieht aus, als ob im Schlaf er lacht!", war in meinen Gruppen sehr wichtig und erheiternd. Immer, wenn es darum ging, daß der Apfel sich nicht rührt, kicherten die Kinder (stellvertretend für den Apfel) leise vor sich hin.

Kam der Vogel angeflogen, begann ganz spontan ein Pfeifkonzert, und dem Wind ermangelte nichts an Dynamik.

Unsere Bewegungsphantasie ließ uns alles darstellen, was zu dieser Geschichte nötig war. Die Musik, in diesem Falle die musikalische Sprache, ordnete und begleitete unsere Bewegungen.

● **Bewegungsspiel im Raum:**

Nun können aus diesem Gedicht Themenkomplexe herausgespielt werden:
– Das Spiel im Obstgarten
– Das Sonnenspiel
– Das Vogelspiel
– Das Windspiel

Wie kann sich solch ein Thema an das Handgesten-Gebärdenspiel anschließen?

I. Die Kinder sind schlafende Äpfel: Oft habe ich erlebt, daß die Kinder ein Apfel sein wollten, der noch am Baum hängt. Sie stellten sich auf ihren Stuhl oder die lange Bank und wurden vom Wind (Erzieherin) verschieden stark angeblasen.

Die Äpfel rütteln und schütteln sich, wenn der Wind stark bläst. Das Gedicht wird – ab dem Erscheinen des Windes: „Und wer kam dann gegangen ..." bis: „... Und springt vom Baum herunter" dazu wiederholt (siehe S. 48).

Vom schlafenden Apfel 50

„Und –

springt ...

... vom Baum herunter!"

II. Spiel im Obstgarten: Der Erzieher führt das Spiel an mit der gereimten Sprache und agiert dabei. Ideen von den Kindern werden einbezogen.

1. Wir gehen zum Obstgarten:

Vorbereitung im Stuhlkreis:

Wir Kinder gehen nun hinaus
   x   x   x   x

und schauen nach den Äpfeln aus.

Bei x im Sitzen abwechselnd rechtes und linkes Bein wie „Gehen" bewegen.
Bei „schauen" rechte Hand wie ein Schild an die Stirn legen, umherschauen. Ablauf nach Bedarf wiederholen.

Abholen:

Nun hört gut zu, was ich euch sag':
Ich hole euch gleich alle ab!
Wir machen eine Kinder-schlange,
ich glaube gar,
die wird recht lange.
1, 2, 3, das erste Kind hält mich an der Hand geschwind.
1, 2, 3, das zweite Kind hängt sich hinten an geschwind.
1, 2, 3, das dritte Kind ...

Erzieherin geht mit 3 Schritten auf ein Kind zu (auszählen) und streckt diesem die Hand entgegen. Beide gehen nun 3 Schritte weiter, das 1. Kind streckt dem 2. Kind die Hand entgegen. So lange wiederholen, bis alle Kinder angehängt sind.

Gehen in der Schlange:

1, 2, 3, so geht es heiter immer noch ein Stückchen weiter. –
4, 5, 6, in Schritt und Tritt, alle, alle gehen mit. –
7, 8, 9,
bis zur Scheun, –
10,
stehn!

Wir gehen auf verschiedenen Wegen durch den Raum. Die Sprache begleitet das Gehen, wobei die Bewegung auch während der Sprechpausen (Gedankenstriche) weiterläuft.

Bei „stehn!" machen wir einen kleinen Schlußsprung.

Vom schlafenden Apfel   52

Umschau halten:

Da schauen wir uns alle um – *nichts ist zu sehen,* *das ist dumm!* *Kein Apfelbaum hier weit und* *breit,* *ich glaube, unser Weg ist* *weit!*	Fassung lösen, rechte Hand wie ein Schild an die Stirn legen, umherschauen.

Das Spiel: Gehen in der Schlange und Umschau halten kann nach Bedarf wiederholt werden. Eine Variation der Bewegungsart macht das Ganze interessanter:

– Wir schleichen (wobei in meinen Kinderstunden immer allerlei Tiere gesehen wurden, welche wir nicht aufscheuchen wollten);
– wir stapfen durch das hohe Gras;
– wir gehen langsam;
– wir gehen schneller;
– wir schlüpfen gebückt unter dem Gebüsch durch.

Alles, was den Kindern einfällt, kann hier einbezogen werden.

Ankunft:

Angekommen, angekommen, *habt ihr alle es vernommen?* *Wir sind hier bei den* *Apfelbäumen,* *auf denen viele Äpfel träumen.*	Freudig in die Hände klatschen.

2. Wir sind im Obstgarten:

Hüpfen:

Da hüpfen wir vor Freude um *die Apfelbäume rundherum:*	Auftakt zum Hüpfen.
Hüpfen, hüpfen rundherum, *hüpfen, hüpfen hulle hum,* *hüpfen, hüpfen durch das Gras,*	Wir hüpfen miteinander im Kreis herum (ohne Anfassen).
hüpfen, hüpfen, das macht *Spaß!*	Bei „Spaß" gehen wir in die Hocke.

Wichtig: Hüpfimpulse müssen sprachlich gegeben werden.
Hüpfrhythmus: ♫ wird in das rhythmische Sprechen mit melodischen Tonsprüngen gestaltet. (Später kann die Erzieherin den Hüpfrhythmus auf die Flöte übertragen.)
Wiederholung nach Bedarf.

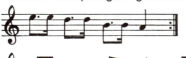

Nach diesem freudigen Hüpfen suchen wir uns einen Apfel, setzen uns ins Gras und lassen uns diese Köstlichkeit gut schmecken.

Ruhen:
Müde geworden, legen wir uns unter die Apfelbäume auf den Boden und ruhen ein wenig aus. Die Erzieherin summt dazu die Melodie vom schlafenden Apfel.

✳ **Vom schlafenden Apfel**   Melodie: W. Fink-Klein

Rings um mich herum, am Boden, seh' ich viele Äpfel liegen – die haben wohl schon ausgeträumt. – – –
Wir könnten doch dem Bauern ein bißchen helfen und die Äpfel in Säcke füllen!

Schürzen umbinden:

Schnell bindet jeder – ridirum
sich noch eine Schürze um.
Da sammeln wir die Äpfel rein
und kullern sie dann
in die Säcke hinein.

Wir binden uns die vorgestellte Schürze um und halten dann mit der linken Hand die beiden Zipfel zusammen. Der linke Arm bleibt somit halbrund in Taillenhöhe gehalten.

Vom schlafenden Apfel 54

Äpfel sammeln:

Immer fleißig sammeln wir,
überall – mal dort –
    mal hier.
Wir nehmen:
einen von hier

einen von dort,

so sammeln wir
heut immerfort.

Meine Schürze ist voll,
und auch die andern,
proppevoll!

Im Raum herumzeigen. Jeder Helfer darf sammeln, wo er will.
Auftakt.
Sprachrhythmus: ♪♪♪ ♩.
Bei den Achtelnoten machen wir 3 Schritte in eine selbstgewählte Richtung. Dort nehmen wir in der Länge der punktierten Viertel den Apfel auf und legen ihn in die Schürze. Tempo: nach Wahl! Wiederholung nach Bedarf.

Äpfel in Säcke füllen:

Nun leeren wir unsere Äpfel in den ersten großen Sack hinein:

Purzel, purzel, purzel paus,
fallen alle Äpfel raus.

Ein Kind nach dem anderen darf seine Äpfel in den Sack purzeln lassen.

Hier muß abgewartet werden, bis alle Kinder am Sack waren. Zu jedem Entleeren wird der Zweizeiler gesprochen. Danach kann das fleißige Sammeln wieder weitergehen. Wdh. ab „Äpfel sammeln" nach Bedarf.

Säcke zubinden:

Nun die Säcke zugebunden,
fest mit einer Schnur umwun-
den,
einen dicken Knoten drauf –
jetzt geht sicher nichts mehr
auf!

Die linke Hand (Faust) hält den Sack zu, die rechte Hand umwickelt ihn. Jedes Kind hat einen Sack, knotet ihn zu und zieht ihn feste nach.

Es ist inzwischen Abend geworden, wir müssen wieder nach Hause gehen:

Gehen in der Schlange:

1, 2, 3, so geht es heiter …   Siehe S. 51

3. Abschluß:

Müde angekommen, setzen wir uns nieder (im Stuhlkreis)

und lauschen auf die „Melodie vom schlafenden Apfel" – gesummt von der Erzieherin.

Ausklang:

● Klangspiel zum Ausklang (siehe S. 24)

✳ Schlußstrophe (siehe S. 24)

Nach diesem Vorschlag zu einem Stundenverlauf möchte ich
eine Sammlung von Spielen anfügen, die ich zu diesem
Thema mit den Kindern auch noch durchgeführt habe. Wie
diese Spiele in weitere Stunden eingebaut werden können,
wird in Abschnitt D. Methodische Überlegungen, behandelt.

C. Spielesammlung

1. Anrufespiele:

Wir Kinder rufen auf verschiedene Weisen zum Apfel hinauf:

– laut und leise,
– hoch und tief,
– langsam und schnell,
– wild und zart,
– mit einem improvisierten melodischen Ruf,
– mit Klanggesten,
– mit einem Instrument.

Je nachdem, wie die Kinder darauf einsteigen, kann dieses
Spiel ausgebaut werden.
  Zuerst wird der Text immer dazu gesprochen, bei Hinzu-
kommen der Melodie oder eines Instrumentes kann er mit
der Zeit weggelassen werden.

Nach diesem ersten Ruf:

  „Ach Apfel, komm herunter,
  hör endlich doch mit Schlafen auf!"

könnte der zweite in ähnlicher Weise ausgestaltet werden:

Wir Kinder rufen auf verschiedene Weise zur Sonne hinauf:

  „Ach Sonne, liebe Sonne,
  mach du, daß sich der Apfel rührt!"

Vom schlafenden Apfel 56

Wir wählen dafür von den oben genannten Vorschlägen solche aus, die uns für die Sonne geeignet erscheinen.

Wir Kinder rufen auf verschiedene Weise dem Vogel zu:

> *„Ei Vogel, du mußt singen:*
> *gewiß, gewiß, das weckt ihn auf!"*

Nun heißt es überlegen: Wie rufen wir dem Vogel zu und wie *bedanken wir uns letztlich beim Wind:*

> *„Ich danke schön, Herr Wind."*

Es ist ratsam, die Anrufspiele auf mehrere Stunden zu verteilen. Sie können auch nach einer bewegten Phase eingeschoben werden und somit das Spiel im konzentrierten Beisammensein ruhig von einem Thema zum anderen überleiten.

2. Die Kinder sind Säcke:

Wir haben wieder einmal Äpfel eingesammelt, diese in Säcke gefüllt und die Säcke auch schon zugebunden. Im Anschluß daran kann dieses Spiel folgen:

Wenn ich die Säcke hier so seh,	Säcke anschauen.
kommt mir eine Prachtsidee!	
Jedes Kind darf so ein dicker Sack sein. Setzt euch gleich zu den anderen Säcken dazu, dann kann ich einen nach dem anderen zum Wagen ziehen.	Mit beiden Armen den dicken Sack zeigen (Hände übereinander legen). Jedes Kind sucht sich im Raum einen Platz bei einem unsichtbaren Sack. Zum Wagen zeigen. Lange genug warten, bis alle ihr Plätzchen gefunden haben.

Ziehen:
Ziehen – ziehen
diesen Sack,
denn es
geht nicht
Huckepack.

*Ziehen – ziehen
durch das
Gras,
ja, das macht uns
großen Spaß!*

*Ziehen – ziehen
hin und her.
Halt!
Denn weiter
geht's nicht
mehr!*

Ein Sack nach dem anderen wird so zum Wagen gezogen. Meiner Erfahrung nach warten die „Sackkinder" geduldig, bis sie an der Reihe sind.

Wichtig ist hierbei, daß die Sprache ziehend (gebunden) und mit einer tiefen Sprachmelodie die Bewegung begleitet.

Säcke zubinden:

Nun die Säcke zugebunden fest mit einer Schnur umwunden, einen dicken Knoten drauf – jetzt geht sicher nichts mehr auf!	Die Kinder halten ihre Hände über dem Kopf zusammen, so daß die Erzieherin jeden Sack zubinden kann.

Aufladen:
Nun kommt die schwerste Arbeit dran!

Hau –	Erzieherin faßt den ersten Kindersack an den hochgehaltenen Händen,
ruck –	hebt ihn hoch
sack,	und setzt ihn auf dem Wagen ab.
der erste wäre oben.	Ausatmen, erleichtert sprechen.
Hau – ruck – sack, ist schon der zweite oben. Hau – ruck – sack, der dritte kommt dazu. Hau – ruck – sack, der vierte auch im Nu!	So kommt nun der Reihe nach jeder Sack auf den Wagen. Sprachdynamik: anschwellen – abklingen.

Vom schlafenden Apfel 58

*Hau – ruck – sack,
der fünfte wäre oben ...*

Wichtig! Ist die Gruppe sehr groß, dauert es lange, bis alle Säcke aufgeladen sind. Damit den Kindern die Arme nicht lahm werden, können die Säcke auch erst vor dem Aufladen zugebunden werden.

Meine Kinder machten hier gerne ein Spielchen: der Sack ist aufgegangen und muß erneut zugebunden werden. Jeder aufgeladene Sack darf die Arme herunternehmen.

Heimwärtstuckeln:
Der Bauer holt den Wagen mit dem Traktor ab. Auf der Fahrt werden die Säcke auf den unebenen Feldwegen tüchtig geschüttelt.

Kaum hängt der Wagen dran, schon fährt der Bauer an:	Die Säcke stehen ganz dicht beieinander und sind zugebunden.
Tuckel – ruckel – tuckel – ruckel – tuckel – ruckel – rackel – rei.	Wir bleiben ganz eng beisammen und bewegen uns mit kleinen Schritten vorwärts, wobei wir das Gewicht seitlich hin und her verlagern.

Tuckel – ruckel –
tuckel – ruckel –
fährt der Traktor nickelnei.

Tuckel – ruckel –
tuckel – ruckel –
tuckel – ruckel – rackel – ran,

tuckel – ruckel –
tuckel – ruckel –
er wird langsam und hält an.

So ein Traktor fährt langsam
und braucht seine Zeit!
Sprache: stark rhythmisiert
und monoton.
Langsamer werden und
anhalten.
Später kann das
Heimwärtstuckeln mit den
Tönen a' + g' auf dem
Xylophon begleitet werden.
Z. B. eine Strophe:

Säcke ausleeren:
Jetzt werden die Säcke ausgeleert, die Äpfel kullern (durch das Kellerfenster) in den Keller. Die Kinder sind die Äpfel.

Purzel, purzel, purzel, paus,
fallen alle Äpfel raus.

Purzel, purzel, purzel, pand,
kullern alle jetzt zur Wand.

Der Reihe nach wird ein Sack
nach dem anderen ausgeleert.
Die Äpfel (Kinder) kullern im
Raum herum.
An der Wand angekommen,
bleiben sie liegen.

Ent- kullern
O ————→ Lagerstätte
'leeren rollen

Ruhen:
Alle Äpfel sind an ihren Plätzen angekommen und liegen dort ganz ruhig und rühren sich nicht mehr.
Die Erzieherin singt das Lied vom schlafenden Apfel.

Vom schlafenden Apfel 60

3. ✳ **Das Lied vom schlafenden Apfel:**

Ruhig zu singen   Text und Melodie: W. Fink-Klein

2. Es schläft der kleine Apfel
hoch oben in dem Baum.
Die Sonne will ihn wecken,
jedoch das stört ihn kaum.

3. Es schläft der kleine Apfel
hoch oben in dem Baum.
Der Vogel will ihn wecken,
jedoch das stört ihn kaum.

4. Es schläft der kleine Apfel
hoch oben in dem Baum.
Da kommt der Wind und weckt ihn
und reißt ihn aus dem Traum.

Dieses Lied kann während der Ruhephasen oder als Übergang zu den einzelnen Spielen verwendet werden.

Abwechslung bringt das Spiel auf der Flöte oder auf einem Saiteninstrument (Kinderharfe, Tischharfe oder Kantele).

4. Sonnenspiel:

Zuerst hat das Kind die Sonne um Hilfe gebeten.

Frei im Raum:

*Ihr dürft auch eine Sonne sein,
schickt eure Strahlen
in die Welt hinein:*

Ruhiges Gehen im Raum (fast Schreiten), die gespreizten Finger sind die Sonnenstrahlen.

*Strahle, strahle Sonne,
das ist eine Wonne.
Laß es helle werden
und auch warm auf Erden.*

Wir führen die Arme über dem Kopf langsam hin und her.

Strahle, strahle Sonne ...

Jede Sonne scheint dahin, wo es ihr gefällt. Sprache: hell, freudig, strahlend.
Nach Bedarf wiederholen.

Beim Apfelbaum:
*Nun geht ein jedes Sonnen-
kind
hin zum Apfel ganz ge-
schwind.
Will ihn mit den Strahlen nek-
ken
und versucht ihn aufzuwek-
ken.*

Alle treffen sich beim Apfelbaum, dessen Standort vorher bestimmt wurde.

*Jede Sonne –
wirft ihm Strahlen ins Gesicht
küßt ihn dazu so freundlich;
der Apfel aber rührt sich nicht.*

Auftakt.
Gesten vom Handgesten-Gebärdenspiel aufnehmen (siehe S. 46) Apfel bescheinen.

Die Sonne geht unter:
*Unsre Sonne bleibt nicht
stehn,
am Abend will sie untergehn.*

Ganz langsam geht die Sonne unter: Die Arme gehen über die Seite nach unten. Dabei kommen wir zum Knien und legen dann unseren Kopf auf den Boden (Stirn).
Stille.

Die Sonne geht auf:
*Am Morgen geht sie wieder
auf
und beginnt mit ihrem Lauf:*

Langsames Aufgehen: Den Kopf heben und gleichzeitig die Arme bis zur Waagerechten führen. Aufstehen, wenn die Arme weiter nach oben geführt werden.

Das Sonnenspiel wird ab „Strahle, strahle Sonne" bis „... am Abend will sie untergehn" wiederholt.

Vom schlafenden Apfel 62

Sonnenspiel mit Instrument und Lied:

Geht die Sonne erneut auf, so kann dies durch zartes An-
schlagen auf einem Metallinstrument (kleine Triangel oder
Fingercymbeln) begleitet werden. Der Erzieher löst sich aus
der Gruppe und spielt zur Bewegung der Sonnen:

Morgen

Am *Morgen* geht die Sonne
auf
und *beginnt* mit ihrem Lauf:

Bewegung wie vorhin.
Anschlag auf dem Instrument
wie unterstrichen, ganz zart
beginnen, in der zweiten Zeile
etwas an Stärke zunehmen.

Mittag

Strahle, strahle *Sonne*,
das ist eine *Wonne*.
Laß es helle *werden*
und auch warm auf *Erden*.

Bewegung wie vorhin.
Anschlag wie unterstrichen.
Nicht zu schnell sprechen.

Nun geht ein jedes Sonnen-
kind
hin zum Apfel ganz ge-
schwind.
Will ihn mit den Strahlen nek-
ken
und versucht ihn aufzuwek-
ken.

Bewegung wie vorhin.
Schnelle, sanfte Anschläge,
eventuell den Triangelstab
bzw. die Cymbelflächen hin-
und herreiben.

Jede Sonne –
wirft ihm *Strahlen ins Gesicht*,
küßt ihn dazu so freundlich;
der Apfel aber rührt sich nicht.

Die Schläge erfolgen wie in
der Bewegung im
Handgesten-Gebärdenspiel auf
die unterstrichene Silbe.

Abend

Unsre *Sonne* bleibt nicht stehen,
am *Abend* will sie *untergehn*.

Bewegung wie vorhin.
Anschlag wie unterstrichen,
immer leiser werdend, dem
letzten Schlag nachhorchen.

Nun gibt das Instrument an, wann die Sonne aufgeht:

Morgen – zartes Spiel mit Cymbeln oder Triangel.

Mittag – Das Sonnenlied führt die Sonnen in den Raum.

Vom schlafenden Apfel

✷ Sonnenlied: Text und Melodie: W. Fink-Klein

Am Ende des Liedes sind alle Sonnen beim Apfelbaum angekommen. Nun schickt das Instrument die Strahlen ins Gesicht.

Abend – zartes Spiel zum Sonnenuntergang.

So kann der Ablauf ohne Reime – nur mit Bewegung, Instrument und Lied gespielt werden.

Mögliche Spielvariante:
Jedes Kind hat seinen eigenen Baum, den es selber einpflanzt und mit einem Reifen oder einem Seil markiert. So kann jede Sonne ihren Apfelbaum bescheinen.

Wichtig: Dieses melodische, ruhige Spiel erfordert viel Konzentration und Geschicklichkeit (Balance halten) und darf daher nicht zu lange angeboten werden.

5. Vogel- und Windspiel:

Zu diesen Themen möchte ich nur Anregungen geben.

Vogelspiel:

Das Fliegen des Vogels kann als Bewegungsspiel im Raum angeboten werden: Er flattert, breitet seine Flügel aus und schwingt sich in die Lüfte. Dazu singt die Erzieherin ein bekanntes Vogellied oder spielt eine weiche Melodie auf der Flöte. Nach einer gewissen Zeit ruht sich der Vogel aus und zwitschert sein Lied.

    Das Kind bittet ihn, dieses Lied für den Apfel zu singen. Auch wenn es dem Vogel nicht gelingt, den Apfel zu wecken, so bekommt er doch von dem Kind eine Handvoll Körner. Diese pickt er gerne (stark rhythmisch) auf und fliegt in das Nest zurück.

Windspiel:

Ebenso wie die Erzieherin dürfen die Kinder Winde sein und die Äpfel von dem Baum wehen (siehe S. 49/50).

Angeregt durch diese Blasgeräusche machen wir Windgeräusche mit verschiedenen Materialien:

- verschiedenen Papiere: Zeitungspapier, Kreppapier, Seidenpapier, Karton, Schreibblock: knüllen, blättern, anblasen, wedeln ...
- Flaschen: Wir blasen in verschieden große Flaschen oder reiben Leder oder Kork daran.
- Plastiktüten: Knüllen, streichen, peitschen.
- Tücher: Wehen, reiben, streifen.

Ein Material nach dem anderen wird ausprobiert, und wir überlegen, was wir bei leichtem, was bei mittlerem und starkem Wind einsetzen. So werden drei Materialien ausgewählt, die jedes Kind bekommt und nacheinander oder miteinander gespielt werden können.

Nun bläst die Erzieherin die Kinder wieder verschieden stark an, und die Kinder reagieren mit ihren Instrumenten drauf. Sicher können auch die Kinder bald „Winddirigenten" sein.

D. Methodische Überlegungen

Das Handgesten-Gebärdenspiel sollte wieder am Anfang der weiteren Stunden stehen. Es enthält Bewegungen, die sich erst nach mehrmaligem Wiederholen festigen werden.

Wenn das Spiel: „Die Kinder sind Säcke", aufgenommen wird, so kann es in der *zweiten* Stunde nach dem verkürzten Gang zum Obstgarten und dem restlichen Einsammeln der Äpfel gespielt werden.

In der *dritten* Stunde bitten wir im Obstgarten vor unserer Arbeit die Sonne um Mithilfe, damit sie unsere „schlafenden Äpfel" noch herunterwirft. Nach dem Sonnenspiel wird nur mit einem Durchgang eingesammelt, damit die Kinder wieder selber Säcke sein dürfen.

Die *vierte* Stunde kann im Obstgarten begonnen werden. Hier sind noch restliche Säcke aufzuladen. Zu Hause angekommen, sehen wir an einem Baum tatsächlich noch einen einzigen Apfel hängen. Da muß wieder die Sonne kommen und ihr Glück versuchen, vielleicht heute verstärkt mit einem Sonnenklang. Zum Abschluß wirft dann doch der Wind beim Handgesten-Gebärdenspiel den Apfel vom Baum.

Schwerpunkt der *fünften* Stunde könnten die Spiele mit dem Vogel und dem Wind sein.

Eine Verfeinerung des Vogelspiels wäre in der *sechsten* Stunde denkbar.

Möglich ist in der *siebten* Stunde ein Aufgreifen von allen Spielgestalten.

Vielleicht kann die *achte* Stunde eine Wunschstunde werden.

Die einzelnen Themenbereiche vom „schlafenden Apfel" sind mit kleinen Abwandlungen auch als eigenständige Spiele möglich.

Meine Kinder waren bis zum Schluß stark an den Rhythmikstunden mit dem Apfel interessiert. Sie spielten intensiv und fröhlich mit, wurden in ihrer Phantasie angeregt und brachten viele gute Einfälle mit ein.

E. Spielgestalten und Materialien

Spielgestalten: Apfel, Kind, Sack, Sonne, Vogel, Wind.

Materialien: Hocker oder Stühle.
Metallinstrument für Einstimmung und Ausklang,
Fingercymbeln oder eine kleine Triangel,
Choroi-Flöte oder Choroi-Harfe oder Tischharfe,
Reifen oder Seile.
Materialien zum Windspiel,
z. B. Tücher, Krepppapier, Flaschen.

2

SUSANNE PETER-FÜHRE

✼ Spiellied zum Kennenlernen

Wir sitzen im Kreis, haben die Hände durchgefaßt, und schwingen im ♩ Puls während des Singens mit.

Text und Melodie: S. Peter-Führe

La la la la, la la la la la, wir wollen singen, tanzen und springen, musizieren und fröhlich sein, drum sind wir nicht allein! Doch wer zusammen spielen will, der soll sich kennen, drum wollen wir jetzt alle unsre Na-men nennen: Ich bin Susanne Peter und wer bist du? Wir sind die... und der... und die... fallalla, fallalla, fallalla!

Jedes Kind nennt seinen Namen.
Dazu patschen, klatschen, schnalzen ... wir
auf verschiedenartigste Weise.

Klatsch-Variante zum Nachbarn: Die linke Hand liegt mit dem Handrücken auf dem linken Knie. Die rechte Hand kommt von oben und klatscht hinein („hier"). Dann wandert sie zum rechten Nachbar und klatscht ihm in die offene linke Hand („dort"). Mit der sprachlichen Begleitung: „Die Hand klatscht hier und sie klatscht dort, und hier und dort ... fangen wir langsam an und werden dann zunehmend schneller, bis wir das Tempo für das Lied erreicht haben. Dann beginnt die Erzieherin mit dem Singen.

Mit diesem Lied haben wir lange Zeit jede Rhythmik-stunde begonnen.

Schneeflocken (ab 5 Jahre)

Mit diesem kleinen Stundenbild möchte ich hier exemplarisch aufzeigen, wie sich aus einem Gedicht ein rhythmisch-musikalisches Spielgeschehen entwickeln läßt. (Es wird vorausgesetzt, daß die Kinder das Märchen von Frau Holle kennen.)

1. Einstimmung

Alle sitzen im Kreis, und ein einführendes Gespräch dreht sich um den Winter. Danach lenkt die Erzieherin das Gespräch auf Frau Holle und schildert den Kindern mit dem Gedicht und den Handgesten das Leben der Schneeflocken:

2. Finger- und Gebärdenspiel

Frau Holle schließt die Fenster auf	Mit den Armen Fensterläden öffnen. Schüttelbewegung
und schüttelt ihre Betten aus;	↓↑↓↑ im Sprachrhythmus.
Wirbula und wirbule,	Alle Finger bewegen sich, die
die ganze Luft ist voller	Hände zeigen das
Schnee!	Durcheinander, bevor die Arme ruhig abwärts geführt werden

Schneeflocken 68

*Der Wind bläst vor Vergnügen,
puuuh   puuuh
seht, wie die Flocken fliegen!*

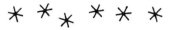

Beide Fäuste in die Seiten
stemmen und pusten.
Die Finger leicht bewegen,
und diesem Spiel zusehen
(für die Dauer einer Verszeile).

*Sie tanzen und schaukeln,
sie wirbeln und gaukeln,
sie drehen sich und schweben,
das ist ihr Winterleben!*

Die Hände im Handgelenk
bewegen:

die Hände ruhig abwärts
führen

*Und nach der langen Reise,
da setzen sie sich leise
auf's Dach und auf die Straße
und frech dir auf die Nase!*

(Zu den Kindern sprechen.)

Bei „frech" schnalzen und sich
selbst einen Finger auf die
Nase setzen.

3. Das Gedicht wird zum Lied

Als anschließende Wiederholung (bzw. auch als Einstimmung in weitere Winter-Rhythmikstunden) kann die Geschichte der Schneeflocken auch gesungen werden und mit kleinen Instrumenten von den Kindern begleitet werden. Sie sind als Vorschläge ins Notenbild mit eingezeichnet.

Schneeflocken

2

Der Wind bläst vor Ver-gnü-gen huuh, huuh, seht wie die Flocken flie-gen.

3

Sie tan-zen und schaukeln, sie wirbeln und gaukeln.
Sie drehen sich und schweben, das ist ihr Winter-le-ben.

4

Und nach der langen Rei-se, da setzen sie sich lei-se auf's Dach und auf die Stra-ße und frech dir auf die Na-se!

 Büchsenrassel (schütteln + drehen)

⟋⟍ Fingerzymbeln

✡ Schellenband

Schneeflocken 70

4. Die Schneeflocken wirbeln im Raum (Großmotorik)

Die Kinder verwandeln sich in Schneeflocken. Das Tremolo auf der Triangel gibt an, wie lange die Flocken wirbeln. Mit dem Ausruf:

"wirbula und wirbule,
die ganze Luft ist voller Schnee!"

beginnt auch die Triangelbegleitung; sie wird nach einiger Zeit immer leiser. Wenn sie nicht mehr zu hören ist, liegen alle Flocken auf der Erde.

 (descrescendo)

5. Die Sprache führt ein Bewegungsspiel (Großmotorik)

Die Kinder liegen noch am Boden. Jetzt stehen alle auf, um nachzusehen, was Frau Holle wieder vorhat.

Frau Holle <u>schließt</u> die Fenster <u>auf</u> *und <u>schüttelt</u> ihre Betten <u>aus</u>:* *Wirbula und wirbule,* *die ganze Luft ist voller* *Schnee!*	Gebärden wie im Spiel 2. Die Kinder wirbeln mit der Triangelbegleitung. Triangel (klein)
Doch bläst der Wind diesmal *ganz sacht und ganz leise* ff ⌒ ff ⌒ *da <u>drehen</u> die Flocken* *sich <u>langsam im Kreise</u>* *(summen ⁻‗ ː ‐ ‗⁻ ‐) und seht:* *‖: huiiih – so drehen sie* *herum* *huiiih – und dann auch* *andersrum :‖*	Wir bewegen uns mit der Erzählung.
Jetzt pfeift der Wind sein Lied. Blasen mit Pfeifgeräusch *Paßt auf, was gleich ge-* *schieht:*	

‖ : *Sie tanzen und schaukeln,*
sie wirbeln und gaukeln:‖
‖ : *hin und her, hin und her,*
wirbula wirbule ist nicht
schwer:‖

Von einem Bein aufs andere
schaukeln,   sich schnell um
sich drehen, schaukeln.
Bewegungsablauf
wiederholen.

Nun bläst der Wind zur Ruh,
puuuh ≈≈≈   *puuh* ≈≈≈
so schweben die Flocken
hinab auf die Erde,
damit es nun endlich dort
Winterszeit werde!

Wir drehen uns langsam
abwärts, bis wir am Boden
liegen.

6. Spiel mit Schneeflocken aus Watte

● **Das Austeilen der Flocken:**

Die Kinder liegen noch als Schneeflocken am Boden. Die Erzieherin läßt auf jedes Kind eine Schneeflocke aus Watte schneien.

● **Freies Spiel mit der Flocke:**

Die Erzieherin beobachtet, wie die einzelnen Kinder mit ihrer Schneeflocke spielen und sammelt die Ideen für ein gemeinsames Spiel.

● **Gemeinsames Spiel:**

Die hier aufgeführten Spielideen habe ich in meinen Kindergruppen gesammelt:

– Die Flocke schneit von hoch oben herunter und wird vor dem Erdboden wieder aufgefangen. Nach einer Spielphase allein wird es zum Gruppenspiel. Damit alle einen gemeinsamen Einsatz finden, stellt sich ein Kind in die Mitte des Kreises und zeigt den Beginn. (Variation: Das Kind gibt mit einem Triangelton den Einsatz.)
– Die Flocke liegt auf dem Handrücken, der Schulter, dem Ellenbogen ... Die Kinder bewegen sich so vorsichtig, daß sie nicht herunterfällt (vorwärts, rückwärts, aufwärts, abwärts ...).

Schneeflocken 72

– Wenn die Kinder dieses Spiel gut meistern, kann die Erzieherin das Spiel teilweise auch musikalisch führen:
Sie singt oder spielt eine Melodie, die z. B. deutlich abwärts geht. Die Kinder horchen und zeigen in ihrer Bewegung, was sie gehört haben. (Variation: Wenn die Kinder selbst schon aufwärts und abwärts im Singen unterscheiden können, kann auch ein Kind die Aufgaben stellen.)
– Wir blasen die Flocken von verschiedenen Körperteilen und fangen sie wieder auf (Ellenbogen, Schultern, Handrücken, Knie ...).
– Zwei Kinder spielen dieses Spiel zusammen. Im Wechsel bläst eines seine Flocke von einem Körperteil fort, das andere fängt sie auf.

● **Zum Einsammeln**

Die Erzieherin hat eine Dose. Ein Kind bläst seine Flocke in die Luft, die Erzieherin fängt sie mit der Dose auf. Das Kind ohne Flocke bekommt nun die Dose, fängt die Flocke eines anderen Kindes auf, gibt die Dose weiter und setzt sich auf den Boden.
Dem letzten Kind bläst die Erzieherin eine Flocke in die Luft.

7. Ein Winterlied schließt diese erste Stunde ab.

Liedvorschläge: A-A-A, der Winter, der ist da ...
Schneeflöckchen, Weißröckchen ...

Didaktische Hinweise

Wer nun Lust bekommt, sich selbst ein rhythmisches Spiel zu entwerfen, der lege sich sein Material bereit und finde heraus, welche Elemente geeignet sind

– zum Bewegen in der Kleinmotorik (Handgesten, Fingerspiele), in der Großmotorik (Spielgestalten, Bewegungsarten, Tänze), mit musikalischer oder sprachlicher Begleitung;
– zum Singen und Musizieren, mit Körperklanggesten (klat-

schen, patschen, schnalzen, tippen mit den Zehen u. a.)
oder mit Instrumenten begleitet;
– für Wahrnehmungsaufgaben (horchen, beobachten, fühlen ...);
– zum Einbeziehen von Spielmaterialien und Geräten;
– zu Spielformen allein – zu zweit – in der Gruppe;
– zum Weiterführen in den Kindergartenalltag (Gespräche, Beobachtungen für Spaziergänge, Bastelmöglichkeiten).

Aus dieser Stoffsammlung gestaltet man sich ein rhythmisches Spielgeschehen, wobei ein roter Faden gesponnen wird vom Beginn zum Ende der Stunde. Der Wechsel von bewegten Phasen und ruhigen, konzentrierten Sammlungsmomenten bestimmt das Grundmuster. Mit dieser Vorbereitung begegnen Sie den Kindern – und nehmen Sie sich in der Durchführung soviel Spielraum, daß die Ideen der Kinder mit eingeflochten werden können!

Materialien: Triangel, Fingerzymbeln, Schellenbänder, Rasseln (siehe Bastelanregung bei den Bremer Stadtmusikanten) zum Begleiten des Liedes.
Wattebäusche für die Schneeflocken.

Die Bremer Stadtmusikanten
(frei nach den Brüdern Grimm, ab 5 Jahre)

Zur Geschichte

Ein alter Esel träumt davon, seinen Lebensabend als Stadtmusikant zu verbringen. Seine Begeisterung vermag drei „Leidensgenossen" zu motivieren, aus ihrer Einsamkeit und Trostlosigkeit auszubrechen, um mit ihm zu ziehen. Das Ziel, gemeinsam zu musizieren, ist dabei die treibende und verbindende Kraft, die sie letztendlich auch in der Gemeinschaft stark macht!

Für die Kinder habe ich deshalb die Geschichte mit vielen Formen des elementaren Musizierens erweitert. Diese Spielformen verteilen die Rollen nicht auf die 4 Tiere. Prinzipiell spielen alle alles, es sei denn, musikalische Formen verlangen einen Dirigenten o. ä.

Spielesammlung

1. Singen zum Einstieg

Wir sitzen im Kreis (auf Hockern oder auf dem Boden). Die Erzieherin fragt singend:

Text und Melodie: S. Peter-Führe

Kennt ihr die be-kann-ten Stadt-musi-kan-ten?

Wohin wollten sie? Nach Bremen, ja nach Bremen wollten sie!

Um den Kindern nochmals die Gelegenheit zum Mitsingen zu geben, wird weitergesungen:

Text und Melodie: S. Peter-Führe

Erz.: *Nun, die Geschichte erzählt uns folgendes: Es lebte einmal ein Esel namens Grauschwanz. Er war ein sehr freundliches Tier, denn wenn er jemandem auf der Straße begegnete, grüßte er stets mit einem Schmunzeln im Gesicht,*

(Diesen Gruß wiederholen wir natürlich so oft, bis wir jeden Mitspieler begrüßt haben.)

wobei er beim „I" den Kopf ganz leicht neigte und beim „aah" sein Gegenüber anblickte. (Anm.: Damit wir krächzende Stimmen und Schmerzen im Stimmapparat vermeiden, hat unser Esel diese eigentlich „unnatürliche" Kopfgeste gewählt).

Erz.: *Als seine Freunde ihm daraufhin immer wieder bestätigten, was für eine wunderschöne Stimme er doch habe, schmeichelte ihm das sehr. Eines Tages ging er gerade spazieren, als er von einem Baum herab einen ihm unbekannten, aber sehr reizvollen Gesang hörte:*

(Hier bietet sich an, das Lied: „Kuckuck, Kuckuck, ruft's aus dem Wald" zu singen.)

Obwohl es ein sehr schöner Tag war, mit warmen Sonnenstrahlen und ... (je nach Jahreszeit gibt es genügend zu schildern), *begannen die zwei plötzlich fürchterlich zu streiten, wer von ihnen die schönere Stimme habe.*

Die Bremer Stadtmusikanten 76

2. Der Sängerwettstreit zwischen Kuckuck und Esel

Volksgut

2. Der Kuckuck sprach: „Das kann ich",
und fing gleich an zu schrei'n.
„Ich aber kann es besser, ich aber kann es besser!",
fiel gleich der Esel ein, fiel gleich der Esel ein.

Vor der letzten Strophe probieren wir aus, wie das geklungen haben mag. Die Kinder singen den Kuckuck, der Erzieher springt nach kurzer Zeit in des Esels Gesang.

(Die Rollen werden auch getauscht.
Trotz aller sich ergebenden Vielstimmigkeiten empfanden diesen Zwiegesang bisher alle Kinder als „schön".)

Nun ist auch die 3. Strophe berechtigt:

3. Das klang so schön und lieblich,
so schön von fern und nah.
Sie sangen alle beide, sie sangen alle beide:
Kuckuck, Kuckuck, I-aah, Kuckuck, Kuckuck, i-aah!

Erz.: *Esel Grauschwanz merkte langsam, daß er ein alter Esel geworden war. Sein ganzes Leben lang hatte er die schweren Mehlsäcke zur Mühle getragen, und jetzt konnte er unter ihrer Last kaum mehr auf den Beinen stehen. Sein Herr bemerkte das auch und wollte ihn loswerden. Doch bevor er sich etwas Böses einfallen lassen konnte, war Esel Grauschwanz schon auf und davon, und beschloß, Richtung Bremen zu wandern, um Stadtmusikant zu werden.*

3. Musik und Bewegung mit dem Esel

● **Freies Bewegungsspiel im Raum**

Die Kinder bewegen sich zum gesungenen Lied als Esel frei im Raum. (Welcher Esel hat so gute Augen, daß er mit keinem anderen Esel zusammenstößt?)

Text und Melodie: A. Gaß-Tutt
Aus: Tanzkarussell 1 - Fidula-Verlag Boppard/Salzburg

● **Bewegungsspiel zu zweit**

Damit der Esel auch einmal auf 4 Beinen wandern kann, wählt sich jedes Kind einen Partner. (Bei der Wiederholung werden die Rollen getauscht, so daß jeder einmal Eselvorderteil und -hinterteil ist.)

Erz.: *Meint ihr, unser Esel kommt diesen Monat noch nach Bremen, wenn er so langsam weiterwandert? – Damit er es schafft, will er sich etwas beeilen:*

Die Bremer Stadtmusikanten 78

- **Die Grundbewegungsarten des Esels**

Die Erzieherin singt das Lied mit entsprechend geändertem Text, und begleitet mit zwei Kokosnußschalen die Bewegungen der Esel:

„*Der kleine, graue E-sel springt munter durch die Welt ...*"

„*Der kleine, graue E-sel trabt hurtig durch die Welt ...*"

„*Der kleine, graue E-sel schwankt müde durch die Welt ...*"

„*Der kleine, graue Esel ruht sich ein wenig aus.
Er legt sich in ein Weizenfeld und streckt die Beine aus ...*"

- **Musikalisches Rätsel für den Esel**

Die Erzieherin gibt mit den Kokosnußschalen ein Bewegungstempo an, die Esel bewegen sich zunächst am Platz mit dem Kopf, den Schultern, den Hüften ... (je nach Geschwindigkeit). Auf einen Zuruf hin bewegen sich die Esel wieder im Raum. Welche Esel haben gleich die richtige Bewegung erkannt?

Hier kann das Spiel in der ersten Stunde beendet werden.

Die zweite Stunde beginnt wieder mit der Einstimmung, den Spielformen mit dem Lied und einigen musikalischen Rätseln für den Esel. Dann wird in der Geschichte fortgefahren:

Erz.: *Der Wunsch des Esels, ein besonderer Stadtmusikant zu werden, wurde immer größer. Und so hat er beschlossen, neben dem Singen auch das Tanzen zu lernen. Er galoppierte ins nächste Dorf, setzte sich dort auf den größten Pflasterstein mitten auf den Marktplatz, und erfand sich seinen „Esel-Grauschwanz-Tanz".*

• Der „Esel-Grauschwanz-Tanz"

Der Esel sitzt auf dem Hinterteil, hat die Hinterbeine hochgezogen. Mit den Händen gibt er sich Schwung, so daß er sich – bevorzugt auf glatten Böden – um die eigene Achse dreht. Nach einigen Versuchen wird dann das „Rundadinell – herum" gesungen.

A

B

Kli   – der Esel stützt sich mit den Händen hinten auf;
bister – klatscht zweimal mit den Füßen;
kla   – schaukelt sich nach vorn zum Sitz;
baster – klatscht zweimal in die Hände.

Dieses Schaukeln und Klatschen wiederholt sich bis zum Ende des Liedes. Zum Üben dieser Bewegung hilft es, mit der sprachlichen Begleitung langsam anzufangen, dann beschleunigen und nahtlos ins Singen übergehn.

Der Tanz schließt mit der Wiederholung von Teil A.

Die Bremer Stadtmusikanten 80

Erz.: *Der Esel war nun mit seinen Fähigkeiten, zu singen und zu tanzen, bestens gerüstet, um Stadtmusikant zu werden. Auf dem Weg nach Bremen fand er bald einen alten Hund müde am Wegrand liegen. Er war von seinem Herrn ebenfalls verjagt worden und konnte allein nichts mehr mit sich anfangen. Der Esel überredete ihn, mit ihm nach Bremen zu kommen. Doch konnte der Hund weder singen noch tanzen. „Macht nichts" sagte der Esel, „singen kann ja ich, aber du könntest mich dabei doch mit einem Instrument begleiten!" Gesagt, getan. Und sie machten sich an die Arbeit, eine Rassel zu basteln.*

4. Wir basteln ein Instrument

Von den vielen Möglichkeiten, eine Rassel zu basteln, habe ich mit den Kindern diejenige durchgeführt, die zwar zeitlich am aufwendigsten ist, dafür aber um so mehr und reizvolle Arbeitsphasen bietet. Damit die Rasseln in der Rhythmikstunde zur Verfügung stehen, empfiehlt es sich, sie an mehreren Tagen während des Freispiels oder in einer gezielten Beschäftigung anzufertigen.

Jedes Kind braucht:
1 kleine, ausgewaschene Dose;
einen Faden – zum Abmessen des Dosenumfangs;
Bleistift zum Markieren;
1 Schere zum Ausschneiden;
Tonpapier für die Banderole und den Deckel;
Farben zum Bemalen;
Kleister zum Kleben

● **Die Arbeitsphasen**

a) Das Messen des Umfangs: Die Kinder legen den Faden um ihre Dose, halten die Enden mit zwei Fingern dicht am Rand fest zusammen und schneiden die überhängenden Fäden ab.
Diese Fadenlänge ist das Maß für die Banderole und wird nun auf das Stück Papier übertragen. Mit einem Farbstift wird sie markiert. Dann nehmen sie die Dosen und tragen mit einem Strich die Höhe ein. Die Erzieherin vervollständigt den Kindern die 2. Linie.

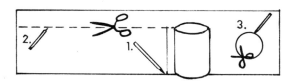

b) Zuschneiden: Jetzt wird das Blatt an diesen Strichen gefaltet, und die Kinder schneiden am Falz entlang die Banderole zu.

c) Bemalen und Kleben: Jedes Kind bemalt die Banderole für seine Rassel nach eigener Phantasie. Dann wird sie um die Dose geklebt.

d) Der Deckel: Die Kinder zeichnen mit ihrer Dose den Umfang auf das Tonpapier und schneiden diesen Kreis aus. (Er wird als Deckel nach dem Füllen aufgeklebt.)

e) Die Füllung: Die Lautstärke der Rassel hängt neben der Spielweise nicht unwesentlich auch von der Füllung ab. Ein lautes Geräusch geben Kirschkerne, getrocknete Erbsen u. a., leiser sind getrocknete Kerne von Zitrusfrüchten, Reis, Hirse, getrocknete Samen aus Paprikaschoten u. a.
Die Kinder können diese Kerne, Körner und Samen (je nach Jahreszeit) zu Hause sammeln.

• *Kleines Spiel zum Füllen:* Die Kinder sitzen mit der Erzieherin im Kreis und haben ihre bunten Dosen und die Füllmaterialien vor sich liegen. Ein Kind nach dem anderen teilt mit, welche Kerne es dabei hat. Es steckt einen in seine Dose, und alle horchen, wie das klingt, wenn er in die Dose fällt.
Jetzt werden 2 Kerne nacheinander eingeworfen, dann 3, 4, 5. Nun kann jedes Kind seine Rassel einmal vorspielen, und alle horchen, wie sie klingt. Je nach Vorrat und Klangvorstellung können weitere Kerne dazugegeben werden.

f) Zum Schluß wird der Deckel aufgeklebt, und die Rassel ist spielbereit.

In der dritten Stunde hat der Hund seine neue Rassel. So kann er das Spiellied zur Einstimmung gleich begleiten.

Die Bremer Stadtmusikanten 82

5. Der Hund musiziert mit der Rassel

● Er probiert verschiedene Spielmöglichkeiten

Damit der Hund möglichst vielfältig mit seiner Rassel musizieren kann, probiert er aus. Spielregel: Ein Hund zeigt seine Spiel-Idee und ist dann Dirigent für die anderen. Solange er spielt, spielen alle mit. Hält er in der Spielbewegung inne, sind auch die Rasseln still. Jedes Kind wird einmal Dirigent.

Musiziervorschläge:
- Schütteln der Rassel (Rhythmen bleiben dabei verschwommen);
- eine Hand hält die Rassel, die andere trommelt mit der Faust auf die Handwurzel (rhythmisch genauer);
- die Finger trommeln auf den Deckeln;
- die Rassel wird mit den Händen gedreht ...

● Ein Straßenmusikant spielt

Die beiden Freunde treffen eine Straßenmusikantin, die auf einer Flöte spielt (die Erzieherin). Der Hund nimmt sogleich seine Rassel und begleitet sie.

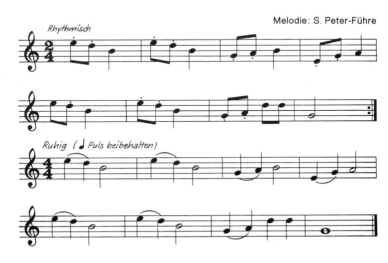

Melodie: S. Peter-Führe

Ob der Hund den Unterschied hört und seine Begleitung danach richtet?

● **Der Musikant spielt – der Esel bewegt sich – der Hund begleitet**

Die Kinder teilen sich in zwei Gruppen: Esel und Hunde. Die Erzieherin spielt das Eselslied in den verschiedenen Grundbewegungsarten, die Esel bewegen sich danach, und die Hunde begleiten mit den Rasseln. Dann werden die Rollen getauscht.

● **Der Esel testet die Ohren des Hundes**

Die Kinder liegen als Hunde im Raum verteilt auf dem Boden. Sie schließen die Augen, und die Erzieherin bzw. ein Kind spielen an einem Ort mit einer Rassel. Der Hund zeigt mit Vorder- oder Hinterläufen, woher das Geräusch kommt. Dann darf er nachsehen, ob er richtig gehört hat.

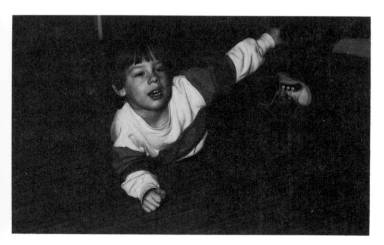

Erz.: *Der Esel war nun voll Freude darüber, daß er den Hund mit den guten Ohren getroffen hat, der ihn auch so wunderbar begleiten konnte. Er forderte ihn auf, doch mit ihm zu ziehen, um Stadtmusikant in Bremen zu werden. Der Hund war darüber so glücklich, daß er seine Rassel nahm, und – sogleich zu singen anfing:*

Die Bremer Stadtmusikanten 84

● **Der Hund singt und spielt** Textänderung: S. Peter-Führe

Ich ha-be ei-ne Rassel und wand're durch die Welt! Ich schüttel sie und rüttel sie, so wie es mir ge-fällt! Wau-wau, wau-wau, wau-wau, wau-wau, wau-wau!

Zum gesungenen Lied bewegen sich die Kinder durch den Raum und schütteln ihre Rasseln auf beliebige Weise.

———— ✷ ————

Die vierte Stunde beginnt mit einem gegenseitigen Grüßen:

I - aah, wau-wau

6. Wer findet seinen Platz zum richtigen Zeitpunkt wieder?

Die Kinder stellen ihre Rasseln gut verteilt im Raum auf. Mit dem Eselslied bewegen sie sich in einer bestimmten Bewegungsart durch den Raum und sind mit dem Ende des Liedes wieder an ihrer Rassel.

Jetzt nimmt sich der Hund wieder seine Rassel und wandert eine Strophe rasselnd durch die Welt.

Dann treffen sich alle im Anfangskreis, und die Geschichte wird weitererzählt.

Erz.: *Esel Grauschwanz und der Hund mit den guten Ohren waren auf ihrem Weg Richtung Bremen, als sie an einem Haus vorbeikamen. An der Hauswand stand ein Holunderbusch, unter dem eine schwarze Katze saß. Als unsere zwei Freunde näher kamen, machte sie ihren Buckel so krumm sie konnte und knurrte grimmig.*

(Während des Erzählens verwandelt sich der Erzieher in eine Katze). *Dann fauchte sie mit ihren Tatzen die beiden wild an. „Halt, halt!", rief der Esel. „Alte Katze Fauchetatze, was ist los mit dir?! Wir wollen dir nichts tun, doch laß uns bei dir ein wenig ruh'n!" Die Katze ließ sich umstimmen, und bald begann sie den beiden ihr Leid zu klagen: Lange ist es her gewesen, daß die Kinder ihr einen großen Milchtopf hingestellt und sie mit diesem Lied gerufen hatten:*

- **Einführung des Liedes**

Die Erzieherin singt ein Lied von der Katze Mohrle, und die Kinder bewegen ihre Hände wie schleichende Katzenpfoten mit.

Text und Melodie: Wilhelm Bender

Uns're Katz heißt Mohrle, hat ein schwarzes Ohr-le, hat ein schwarzes Fell und wenn es was zu schlecken gibt, dann ist sie gleich zur Stell'!

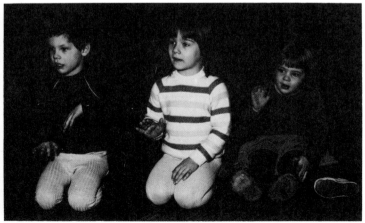

• Die Katzen schleichen durch den Raum

Mit dem Beginn des Liedes beginnen die Kinder als Katzen umherzuschleichen, um am Liedende pünktlich beim Milchtopf zu sein, den die Erzieherin mit ihren beiden Armen darstellt. Jede Wiederholung beginnt damit, daß der Milchtopf an einer neuen Stelle steht.

> Erz.: *„Dieses war lange mein Lieblingslied"*, *sagte die Katze, „doch wollte ich selbst auch gerne Musik machen. So schlich ich eines nachts davon und traf alle anderen Katzen der Umgebung auf dem Dach des höchsten Bauernhofes. Wir hatten uns ein lustiges Spiel erfunden":*

7. Der Katzenchor bei Nacht

Eine der Katzen darf Dirigentin sein. Mit ihrer Tatze zeigt sie an, wie der Katzenchor singen soll:

- hoch oder tief;
- aufwärts oder abwärts oder gleichbleibend;
- zwischendurch darf jede Katze auch einmal singen, wie sie es nach ihrer Laune möchte. Dazu dreht sich die Dirigentin mit dem Rücken zum Chor. Wenn sie sich dann plötzlich wieder umdreht, soll es sofort mucksmäuschenstill sein.
- die Katzen haben sich mit farbigen Stiften auch eine bunte Gesangspartitur gemalt, nach der in der nächsten Nacht gesungen wurde.

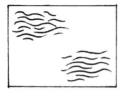  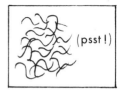

> Erz.: *Diese schönen Zeiten waren für die Katze nun vorbei. Ihr Herr hatte sie fortgejagt, weil sie ihm zu alt und schwerfällig war, und alleine wußte sie nichts anzufangen. Doch nachdem Esel Grauschwanz und der Hund mit den guten Ohren gehört hatten, daß sie Musik gerne mochte, sangen sie ihr ein Lied:*

Die Bremer Stadtmusikanten

Textänderung: S. Peter-Führe

Wir sind zwei Musi-kan-ten und wandern durch die Welt! Wir wackeln mit dem Hinterteil, grad wie es uns gefällt! I - a, wau-wau, I - a, wau-wau, I - a, wau - wau!

Erz.: *Die Katze war von den beiden Musikanten so begeistert, daß sie sofort mit ihnen ziehen wollte, um Stadtmusikant in Bremen zu werden.*

8. Bewegungsspiel mit Esel, Hund und Katze

Es gehen immer drei Kinder zusammen und singen und spielen:

„*Wir sind drei Musikanten und wandern durch die Welt ...*"

Zur fünften Stunde begrüßen sich die drei neuen Freunde:

I - aah, wau wau, mi - au!

Erz.: *Dann zogen sie weiter Richtung Bremen, als sie plötzlich von Ferne jemand schreien hörten:*

9. Musik und Bewegung mit dem Hahn

Kinder und Erzieherin verwandeln sich in Hähne.

- **Der Hahn kräht** Text und Melodie: S. Peter-Führe

Ki-ker-ri - ki! Ki-ker-ri - ki! Das Wetter ist schön, so schön wie noch nie! Ki-ker-ri - ki! Ki-ker-ri - ki!

- **Bewegungsspiel mit dem Hahn**

Die Kinder stolzieren als Hähne (auf den Zehenspitzen) im Raum umher. Die Erzieherin führt mit sprachlicher Begleitung:

> „Der Hahn stolziert auf seinem Mist
> und kräht uns, wie das Wetter ist!"

Zum Krähen bleiben die Kinder stehen. Die Erzieherin stimmt einen neuen Ton an, auf dem die Hähne zu krähen beginnen. Dieses Spiel wird noch einmal wiederholt.

● Reaktionsspiel mit den Hennen

Im Gegensatz zum stolzen Hahn rennen die Kinder jetzt als Hennen wild gackernd durcheinander auf dem Hühnerhof umher. Wenn die Erzieherin als Hahn kräht, bleiben sie sofort stehen – ohne umzufallen. Dieses Spiel kann auch mit einem Kind als Hahn beliebig oft wiederholt werden.

Zum Schluß laufen Hahn und Hennen ins Hühnerhaus (in eine Ecke des Raumes).

Erz.: *Den ganzen Morgen verkündete der Hahn, daß das Wetter so schön wie noch nie werden wird. Und jeder hatte ihn gehört, auch der Bauer. Doch was für ein Pech hatte der Hahn: Es dauerte keine halbe Stunde, da trieb der Wind die Wolken vor die Sonne, und es begann zu regnen.*

10. Das Unwetter

Mit den Fingern, Händen und Fäusten lassen wir auf dem Boden das Unwetter heranziehen. Während der Schilderung wird es gleich gespielt:

Leise, ganz leise begann es zu tröpfeln.
‖: *dop dop dop* : ‖
‖: *doppe doppe dop* : ‖
‖: *doppe doppe doppe doppe* : ‖ –
Immer stärker war der Regen, der Donner grollte und rollte ...
der Wind pfiff und heulte ... dann hörte der Regen langsam wieder auf.
‖: *doppe doppe doppe doppe* : ‖
‖ : *doppe doppe dop* : ‖
‖ : *dop dop dop* : ‖

Mit Handtrommeln, Pauke, Triangel, Klanghölzern u. a. Instrumenten können wir das Unwetter noch einmal gestalten.

Erz.: *Der Bauer war über das Unwetter sehr verärgert, doch am schlimmsten war es für ihn, daß er sich auf seinen Hahn nicht verlassen konnte. So jagte er ihn gerade aus dem Haus, als die drei Freunde vorbeikamen. Der Hahn schloß sich den Musikanten gerne an, und auch die anderen drei waren froh, noch einen vierten Musikanten gefunden zu haben. So zogen sie fröhlich singend durch die Welt.*

11. Die vier Musikanten

Mit Rasseln, Klanghölzern, Schellenbändern u. a. wandern sie singend und musizierend durch die Welt.

„Wir sind vier Musikanten und wandern durch die Welt ..."

Hier könnte die fünfte Stunde zu Ende sein.

Zu Beginn der sechsten Stunde begrüßen sich die vier Freunde:

I - aah, wau wau, mi - au, kikeri -ki!

Dann zeigen sie sich gegenseitig, was sie können:
- Der Esel seinen „Esel – Grauschwanz – Tanz";
- der Hund seine Rasselbegleitung;
- die Katze als Gesangsdirigent;
- der Hahn sein Stolzieren und Krähen auf verschiedenen Tönen
... (die Erzieherin kann sich bei dieser Wiederholung auch nach den Wünschen der Kinder richten) ...

Jetzt kommt die letzte Fortsetzung:

Erz.: *Auf ihrem Weg nach Bremen kamen die vier Musikanten abends in einen Wald und erblickten in der Ferne ein Licht. Weil sie neugierig waren, aber doch vorsichtig sein mußten, schlichen sie sich auf Zehenspitzen vorsichtig näher.*

12. Das Schleichen im Wald

Wir gestalten den Raum als Wald, indem jeweils zwei Kinder ihre Rasseln aufeinanderstellen. Das sind die Bäume. Einige Klanghölzer liegen als Wurzel und Zweige auf dem Boden verteilt.

Jetzt schleichen die Kinder als Stadtmusikanten durch diesen Wald. Sie sollen sich durch kein Geräusch verraten, denn es könnten ja Räuber in dem Wald sein. Das heißt: Vorsicht auf die Bäume und Wurzeln:

● Reaktionsspiel

Wenn die Kinder das vorsichtige Schleichen im Wald gut beherrschen, spielt die Erzieherin mit Klanghölzern ein kurzes Zeichen. Die Stadtmusikanten bleiben bei diesem verdächtigen Geräusch sofort stehen oder gehen sogar gleich in die Hocke.

Erz.: *So standen sie plötzlich vor einem alten Haus. Aus dem Fenster hörten sie laute Stimmen, die wild durcheinander riefen. Die vier Tiere stellten sich aufeinander und blickten durchs Fenster. Und da erkannten sie, daß es Räuber waren.*

13. Das Erschrecken der Räuber

Die Kinder entscheiden sich, wer Esel, Hund, Katze, Hahn oder freiwillig Räuber spielen will.

Die Räuber legen sich mit einem Seil ihr „Räuberhaus" und setzen sich hinein.

Unterdessen sprechen sich die anderen ab, welches Zeichen allen den Einsatz zum Schreien, Bellen, Miauen und Krähen geben soll. Außerdem muß abgesprochen werden, wer dieses Zeichen gibt. Dann kann das große Erschrecken der Räuber gespielt werden.

14. Das Ende in der Erzählung

Wenn manche Kinder die Geschichte bereits kennen, können sie hier die Geschichte weitererzählen. Die Erzieherin schließt die Geschichte ab.

*„Die vier leben jetzt im Räuberhaus
und feiern dort tagein, tagaus,
und wenn sie nicht gestorben sind,
dann musizieren sie noch heute."*

Spielfiguren: Esel, Hund, Katze, Hahn, (Hennen), Räuber.
Materialien: Selbst gebaute Rasseln, Klanghölzer, eventuell Trommeln, Triangel, Pauke ... (Spiel 10). Ein beliebiges Instrument für den Straßenmusikanten (siehe Spiel 5). Weitere Requisiten zum Verkleiden und Ausgestalten nach Belieben

Terzlmusika und die Langeweile

Diese Geschichte entstand mit Kindern im Alter zwischen 5;5 und 6 Jahren, die eines Tages anfingen, über Langeweile zu klagen. Remplein beschreibt dieses Phänomen als symptomatisch in der Phase des körperlichen – und damit auch seelischen – Gestaltwandels, in dem das Kleinkindalter zu Ende geht und die Schulreife sich anbahnt.[1] Diese Krisenzeit ist für den Erzieher nicht immer leicht, weil die Kinder bisherige Interessen und Spielformen ablehnen, aber noch nicht wissen, wie die neuen aussehen sollen. Wir haben uns geholfen, indem wir Möglichkeiten gesucht haben, die Langeweile zu vertreiben. Dabei haben wir die Terzlmusika kennengelernt.

Spielesammlung

1. Einführung des Liedes

Erz: *Die Terzlmusika stand kopfschüttelnd am Fenster, murmelte leise vor sich hin und klopfte dazu mit einem Finger aufs Fensterbrett: „Simsaladim, simsaladim ..."*

Es war trotz des Murmelns gut zu verstehen, und so murmeln wir alle zusammen und klopfen den Sprechrhythmus mit einem Finger auf den Stuhl/Boden:

Was war es, das sie so in Erstaunen versetzte?

---

[1] *H. Remplein:* Die seelische Entwicklung des Menschen im Kindes- und Jugendalter, S. 298. Ernst Reinhard Verlag, München/Basel 1971

Volksgut

Auf einem Baum ein Kuckuck, sim-sala-dim-bam-ba-sala-du-sala-dim, auf einem Baum ein Kuckuck saß.

2. Da kam ein junger Jägers. –
sim saladim bamba saladu saladim
da kam ein junger Jägersmann.

3. Der schoß den armen Kuckuck –
sim saladim bamba saladu saladim
der schoß den armen Kuckuck tot.

4. Und als ein Jahr vergangen –
sim saladim bamba saladu saladim
und als ein Jahr vergangen war,

5. da war der Kuckuck wieder –
sim saladim bamba saladu saladim
da war der Kuckuck wieder da.

Dieses Lied hat seinen Reiz vor allem auch darin, daß das Sim saladim dem Erzähler immer ins Wort fällt. Damit die Kinder diesen Zungenbrecher gleich mitsingen können, ist ein langsames Tempo zu Beginn wichtig. Mit der Geste des Klopfens finden sie auch ihren Einsatz. Durch die Wiederholung in folgenden Stunden werden sie das Lied bald ganz mitsingen können, wobei dann zum Sim saladim auch Klanghölzer, Schellenbänder oder Rasseln (mit Schlag auf Handwurzel) gespielt werden.

Erz.: *Wie das funktionierte, daß etwas weg ist, und dann wieder erscheint, das konnte sich die Terzlmusika nicht so recht erklären. Sie ging zurück in ihr Zimmer, setzte sich auf den Boden und bemerkte plötzlich, daß auch hier wieder jemand war, der manchmal kam, wieder verschwand, wieder kam, und den sie überhaupt nicht leiden konnte. Es war die Langeweile, die sie noch nie gesehen, nie gehört hatte, und doch wußte sie ganz genau, daß sie wieder im Zimmer war. Das ärgerte sie. Und sie beschloß, die Langeweile zu suchen und sie zu vertreiben.*

2. Freie Bewegung (mit musikalischen Elementen)

– Wir suchen die Langeweile in allen Ecken des Zimmers, auf allen (vorgestellten) Schränken, unter den Tischen, hinter uns ...
– Mit einigen improvisierten Tönen kann das Spiel zu einer Hörübung ausgebaut werden: Das Instrument sagt uns, ob wir in der Höhe oder in der Tiefe suchen sollen.
– Auch können wir überall im Raum pochen, klopfen, wischen ..., um die Langeweile mit Geräuschen zu erschrekken.
– Nach kurzer Zeit machen wir eine Pause, horchen, ob die Langeweile noch da ist. Vielleicht sollten wir etwas vorsichtiger sein (im Gegensatz zur wilden Bewegung vorher) und schleichen oder kriechen oder ... Hier können die Kinder auch selbst ausgefallene Bewegungsmöglichkeiten erfinden und ausprobieren. Grundspielregel natürlich immer: Keine Zusammenstöße!
– Als Variation für spätere Stunden kann der Erzieher mit einem Instrument beliebigerArt bewegtere und ruhige Musik improvisieren, um die Bewegung zu führen.

3. Lied mit Bewegungsspiel

Erz.: *Nach diesem Suchen war die Terzlmusika furchtbar müde. Sie setzte sich in ihre Leseecke und nahm ein Buch in die Hand. Auf der ersten Seite war ein kleiner Fuchs, der traurig unter einem Baum saß.*

Text: Kindervers aus „Rhythmen und Reime", Verlag Freies Geistesleben
* Melodie: S. Peter-Führe

Das Füchslein wollte Vögel fangen, ist drum in den Wald gegangen.
Al-le Vö-gel flogen fort, das Füchslein blieb allein am Ort.

Dieses Lied wollten die Kinder sogleich spielen. Einer war der Fuchs, die anderen die Vögel. Der Liedtext gibt den Einsatz: Die Vögel sitzen auf einem Platz zusammen. Der Fuchs beginnt zum gesungenen Lied umherzuschleichen. Bei „alle Vogel ..." geschieht, was gesungen wird. Der Fuchs hat das Nachsehen.

Erz.: *Nun ärgerte es den Fuchs, daß er so allein war, denn er hatte Langeweile. Und so machte er sich auf den Weg, um irgendjemand zu treffen. Er mußte gar nicht lange suchen, da fand er auf einer Lichtung eine ganze Versammlung von Tieren vor. Aber auch sie saßen herum, so gar nicht lustig und ganz stumm. Da hatte der Fuchs eine Idee:*

4. Der Gesangsverein der Tiere

Nach dieser erzählerischen Hinführung zum Text singt die Erzieherin die 1. Strophe.

Text und Melodie: Barbara Böke
Aus: Die Maultrommel. Fidula-Verlag Boppard/Salzburg
Textänderungen (mit Genehmigung der Autorin): S. Peter-Führe

2. *Nun wollen alle gleich probieren und recht vergnüglich musizieren: Der Hund, der bellt sein wau wau wau, die Katze maunzt miau miau,*
‖: *das treibt die Langeweile fort* :‖

3. *Das hört sich schon ganz munter an, und jeder singt so gut er kann: Der Esel schreit i-ah, i-ah, die Krähe kräht krah krah krah krah, der Hund, der bellt sein wau wau wau, die Katze maunzt miau miau, ‖ : das treibt die Langeweile fort : ‖*

4. *Noch and're Sänger treten vor, denn immer größer wird der Chor: Die Ente schnattert gack, gack, gack, der grüne Frosch macht quack, quack, quack, der Esel ...* (3. und 2. Strophe)

5. *Nun hört nur, wie es weitergeht, wer alles noch im Chore steht: Die Meise flötet tsi, tsi, tsi, der Hahn kräht laut sein kikeriki, die Ente ...* (4., 3. und 2. Strophe)

6. *Was vorher noch so trübe war, ist jetzt schon eine muntre Schar: Die Eule ruft ihr uh-uh-uh-, die Kuh die brüllt ihr muh, muh, muh, die Meise ...* (5., 4., 3. und 2. Strophe)

7. *Nein, keiner fühlt sich mehr allein und stimmt ins frohe Lied mit ein: Die Biene summt ihr sum, sum, sum, der Bär brummt tief sein brum, brum, brum, die Eule ...* (6., 5., 4., 3. und 2. Strophe)

8. *Hei, wie der Fuchs den Taktstock schwingt weil die Musik so lustig klingt: Und alle singen wau, miau ... usw.* (jeder seine Stimme)

‖ : *und jetzt ist die Langeweile fort : ‖*

Zur 8. Strophe dirigieren wir: Die Hände beginnen oben, schwingen nach unten und wieder zurück.

$\frac{3}{2}$ Takt – *hei, wie der Fuchs den Taktstock schwingt*

5. Bewegungsspiel zum Lied

Die Tiere haben sich wieder verabredet. Der Hund kommt zuerst, auf Händen und Füßen gelaufen. Er bellt bereits unterwegs. Eine Triangel sagt jeweils als Zeichen: Er ist angekommen. Dann ist die Katze unterwegs, sie schleicht. Der Esel galoppiert, die Krähe fliegt, die Ente watschelt, der Frosch hüpft, die Meise schlägt mit den Flügeln, klein und schnell, der Hahn stolziert auf Zehenspitzen (die Eule sitzt schon im Baum), die Kuh geht gemächlich und bewegt ihren Kopf dabei, die Biene fliegt als Zeigefinger, der Bär tappt schwer und wankend, der Fuchs kommt angeschlichen.

Dichten Sie selbst zu jedem Tier einen kleinen Reim, der die Bewegung begleitet. Bei späteren Wiederholungen dieses Spiels können auch die Kinder herausfinden, wer noch alles kommen muß. Die Reihenfolge ist dabei unwichtig, Haupt-

sache, es fehlt kein Tier. (Das setzt natürlich voraus, daß die
Kinder den Liedtext schon können.) Wenn alle da sind, kann
das Lied gesungen werden.

6. Die Kette

Erz.: *Nachdem die Terzlmusika gelesen hatte, wie die Tiere die
Langeweile vertrieben hatten, überlegte sie nicht lange. Ein paar
Spielgefährten wollte sie auf jeden Fall suchen. Ob sie auch einen
Gesangsverein spielen wollen, wußte sie noch nicht. Auf dem
Spielplatz traf sie einige Jungen. Die hatten sich im Kreis an den
Händen gefaßt und versuchten, beim Hin- und Herziehen nicht hin-
zufallen und auch die Kette nicht reißen zu lassen.*

Mit der Erzählung bilden wir die Kette und ziehen ...

*Ein Junge hieß Sascha. Er hatte einen Onkel in Rußland gehabt,
und der hatte ihm einen Tanz beigebracht.*

7. Tanz: „Kinder – Casatschok"[2]

Zuerst lernen alle, auf russich bis auf 3 zählen: ras twa tri (die
Finger zählen mit).

Dann probieren wir, den Namen Casatschok auszuspre-
chen (fast ein Zungenbrecher) – und kann schon jemand
pfeifen?

Dann kanns losgehen: Aufstellung im Kreis; getanzt wird
weitgehend am Platz.

(Die Tanzelemente müssen nicht vorher erklärt werden,
denn die musikalische Gliederung ist so klar, daß bei gutem
Vorbild die Kinder gleich mittanzen werden.)

Vorspiel:
Durch Pfiffe und Casatschok – Rufe erkennbar.
♩ ♩ 2mal patschen auf die Beine –
♫ ♩ „Casatschok" rufen und den Rhythmus klatschen –
Dies wird 3mal wiederholt, dann wird gezählt: ras twa tri. Wiederho-
lungen zusammen mit den Musikanten der Aufnahme.

---

[2] Platte: Elite special 10006 – Tanzform: Susanne Peter-Führe

Instrumentalteil schnell:

Die Füße bewegen sich in beliebiger Weise vorne und wechselweise auch hinten. Wenn es den Kindern noch schwerfällt, ist Laufen am Platz das einfachste. Die Füße können versuchen, den Po zu erreichen.

Musikalisch wäre es sinnvoll, wenn ein Wechsel von vorn und hinten mit den hörbaren Abschnitten in der Musik stattfindet. Je geübter die Kinder sind, umso kürzer können die Phrasen gewählt werden.

Zwischenteil: Wie Vorspiel

Instrumentalteil langsam:
Wir fassen schnell zur Kette durch und ziehen hin und her, zueinander, auseinander... Die Dunkelheit der Musik wird mit „huuuuh" untermalt.

Die Fortsetzung der Geschichte überlasse ich nun Ihnen, wenn Sie mit den Kindern an dieser Stelle angekommen sind und immer noch nach der Langeweile suchen!

● **Methodische Tips**

Die Geschichte mit der Terzlmusika ist eine unendliche Geschichte, mit so vielen Ideen, wie es Mitspieler gibt. Das Ziel war, daß die Kinder durch Spiel, Musik und Tanz erlebt haben, wie man mit eigener Initiative die Langeweile vertreiben kann.

Für die Kinder meiner Gruppen habe ich schließlich zu der rhythmisch sehr packenden Musik gegriffen, deren schnelle Tanzschritte anfangs ein „Zungenbrecher" für die Füße waren. Wenngleich das meinen Gruppen großen Ansporn gab, ist es nicht unbedingt auf alle Kinder zu übertragen. Beobachten Sie also die Kinder und suchen Sie Ihr kleines „Geheimrezept" gegen die Langeweile!

● **Vorschläge zum Stundenaufbau**

1. Stunde: Spiel 1 – 2 – 3 (mit verschiedenen Füchsen)
2. Stunde: Spiel 1 (mit kleinen Instrumenten), 2 (mit Hörübung), 3 (Erzieherin ist das Füchslein), Liedeinführung von 4)
3. Stunde: Spiel 4 – 5 (die Tiere gehen wieder nach Hause) – 1 – 6 – Einführung des Wortes „Casatschok"
4. Stunde: Spiel 1 – 2 – 7
5. und weitere Stunden: Sowohl das Spiel mit den Tieren, ihren Lauten und Bewegungsarten, wie auch der Tanz können weiter im Spiel vertieft und geübt werden. Vielleicht haben aber auch die Kinder schon neue Ideen, wie sie die Langeweile vertreiben möchten?!

Das große, kecke Zeitungsblatt
(ab 5; 6 Jahre)

Rhythmik mit einem unkonventionellen Material

„Not macht erfinderisch", hieß es in den Jahren, als die Kinder der Überschwemmung durch die Spielzeugflut noch nicht ausgesetzt waren. Und es gilt auch heute noch, daß der Umgang mit einfachen Materialien die Phantasie- und Gestaltungskräfte weckt, die durch manch ausgeklügeltes Spielzeug vernachlässigt werden. Neben den bekannten Materialien Bällen, Reifen, Seilen und Stäben finden sich im Alltag eine Unmenge von Dingen, die zum Experimentieren und Improvisieren im Rhythmikunterricht reizvoll sind.

Die Anregung für das Spielen mit dem Zeitungsblatt kam durch das Gedicht von Josef Guggenmos. Der Inhalt und die Form geben so grundlegende Musik- und Bewegungsanreize, daß daraus ein Sing- und Bewegungsspiel entstand. In der Kombination von musikalisch-rhythmischem Angebot und dem selbständigen Erspielen von Ideen liegt der Rahmen dieser Spielsequenz.

Stundenverlauf

1. Einstimmung:

Die Kinder sitzen im Kreis und schließen die Augen. Sie erfahren, daß jetzt ein ganz besonderer Besuch kommt, der behutsam auf ihren Köpfen landen wird. Die Augen sollten so lange geschlossen bleiben, bis ein Zeichen kommt.

2. Austeilen der Zeitungen

Die Erzieherin legt jedem Kind ein Zeitungsblatt auf den Kopf. Damit niemand erschrickt, kann sie dazu sprechen:

Das große, kecke Zeitungsblatt

„Jetzt landet es beim Tobias …" Wenn alle eines auf dem Kopf balancieren, kommt das Zeichen:

Um das kecke Zeitungsblatt kennenzulernen, legen wir es vor uns auf den Boden.

3. Spieldurchführung

a) Die Erzieherin singt die Geschichte und die Kinder begleiten sie mit den einfachen *Klanggesten*.

Gedicht von Josef Guggenmos
Aus: Oh, Verzeihung, sagte die Ameise, Beltz & Gelberg, Weinheim 1990
Vertonung: S. Peter-Führe

Die Hände „wandern" im Wechselschlag auf dem Blatt.

Die Hände patschen die Betonung des Galopps im Parallelschlag mit.

Das große, kecke Zeitungsblatt 102

Die Hände streichen über das Papier. Bei „platt" patschen beide gleichzeitig.

(Der Erzieher springt auf, das Blatt in der Hand. (Hier löst sich der Anfangskreis auf, die Bewegung führt in den Raum. Wir spielen alles, was der Text uns schildert.)

(Je nach stimmlichem Vermögen kann der Text „stieg steil empor ..." auch gesprochen werden, doch sollte der Stimmklang der Dynamik der Bewegung entsprechen.)

Alle Kinder sitzen noch geduckt am Boden. In diese Spannung hinein sagt die Erzieherin:

> *„Ich dachte mir: Jetzt krieg ich dich! Doch es entwich mit tausend Purzelbäumen ..."*
>
> *(Die Erzieherin zeigt die Purzelbäume mit der Hand.)*
>
> *„... in den Stadtteil* (in dem der Kindergarten liegt); *dort stellte es sich wieder, so groß es konnte, gegen den Wind und wanderte weiter durch die Stadt."*

b) Mit der Erzählung sind alle aufgestanden, und das Spiel wiederholt sich nun in der *Großmotorik*.

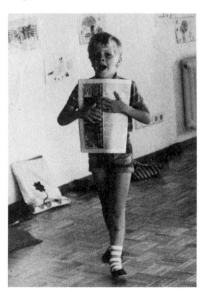

Das kecke Zeitungsblatt wandert durch die Stadt ...

Die Purzelbäume spielen wir im Laufen mit großen Armkreisen. Weil dazu viel Raum benötigt wird, teilen sich die Kinder in die Ekken des Raumes auf. Es startet jeweils ein Kind aus jeder Ecke. Die Erzieherin gibt mit einer Begleitmusik den Einsatz und führt den Bewegungsablauf (z. B. mit einem Heulschlauch, einem Xylophon u. a.).

Das große, kecke Zeitungsblatt

Und es entwich ..." –
Doch die Erzieherin konnte
es fangen!

Das Spiel mit dem Gedicht ist hier beendet. Die Kinder dürfen sich in einer freien Experimentierphase mit ihrem Blatt beschäftigen. Die Erzieherin beobachtet ihr Tun und sammelt die Ideen. Als einzige Spielregel gilt: Das Blatt soll nicht gefaltet und nicht zerrissen werden!

3. Ideensammlung

- **Spiel für sich allein:**

– Das Blatt wird in die Luft geworfen – und wieder aufgefangen. Das muß man am besten mit verschiedenen Körperteilen ausprobieren, wie Arm, Hand, Finger, Fuß, Kopf ...
– Wir balancieren das Blatt mit einem Körperteil. Wer kann sich vorwärts, rückwärts, seitwärts, abwärts und aufwärts bewegen, ohne es zu verlieren?
– Wir legen das Blatt in voller Größe an die Körpervorderseite und laufen schnell durch den Raum, ohne es festzuhalten.

- **Spiel mit einem Partner:**

– Auf einem gespannten Zeitungsblatt wird ein Gegenstand transportiert. Da im Raum viele Transporter unterwegs

sind, bitte vorsichtig bewegen, damit es keine Zusammenstöße gibt! Eventuell sogar unten durch ausweichen.
- Ein Gegenstand soll auf dem Blatt bewegt werden, ohne daß er herunterfällt. Je besser er rollt, umso schwieriger wird das Kunststück. Zeitungsbälle, Streichholzschachteln u. ä. sind leichter zu handhaben, während eine Wachskreide, ein Klangholz oder andere runde Dinge schon viel Geschicklichkeit, Einfühlungsvermögen und Reaktionsfähigkeit fordern.
- Zwei Kinder legen sich eine Zeitung über ihre Köpfe und bewegen sich, ohne daß sie herunterfällt. Wenn das hintere Kind dem vorderen die Hände auf die Schultern legt, wird es leichter. Die Erzieherin kann dazu eine ruhige Musik auf einem lang klingenden Instrument improvisieren (Gitarre, Metallophon).

● **Spiel in der Gruppe:**

Durch verschiedenartiges Bewegen der Finger auf, unter und mit dem Zeitungsblatt können reizvolle Geräusche entstehen.

Dazu sitzen wir im Kreis, damit alle sich sehen und hören können. Spielregel könnte sein: Jeder stellt seine Zeitungsmusik allein vor, alle spielen sie zusammen. Das vorstellende Kind wird dabei Dirigent: Solange es seine Finger bewegt, spielen alle mit. Sind die Finger ruhig, ist auch kein Geräusch mehr zu hören. Oft stellen sich während dem Spielen auch Assoziationen ein, wie: „ein Finger läuft Schlittschuh", oder: „der Zappelmann hat sich unter der Zeitung versteckt." Dann kann man mit den Geräuschen spontan eine Geschichte erfinden

- **Zum Schluß:**

Jeder knüllt seine Zeitung zu einem Ball, so klein und so fest wie nur möglich.

Materialien: Zeitungen, Streichholzschachteln, Wachskreiden u. a. für das Partnerspiel, Heulschlauch, Instrumente nach Belieben.
Am Ende jeder Zeitungsblatt-Stunde sammeln wir die Papierreste und bringen sie bei einem Spaziergang zum Altpapiercontainer!

3

IRIS REICHMANN

Oberpotz und Hoppelhans

In Anlehnung an das gleichnamige Bilderbuch von Christa
Duchow und Lilo Fromm. Alter: 4;6 bis 5;6 Jahre.

1. Inhaltsangabe

„Könnt ihr euch vorstellen, daß ein kleiner Hase einen großen Riesen überlisten kann?"

So beginnt die Geschichte, an deren Ende das Böse in der
Gestalt des Riesen besiegt wird.

Oberpotz, der Riese, lebte in einem Wald und plagte die
Tiere aufs ärgste. Eines Tages gelang es Hoppelhans, dem
Hasen, Oberpotz zu überlisten. Der Riese ertrank im See,
und die Tiere des Waldes feierten ein Freudenfest.

2. Zum Spielverlauf

Die flächigen, mit klaren Farben gestalteten Bilder von Lilo
Fromm sprechen die Kinder sehr an. Mir gab der Gegensatz
vom starken Riesen und schmächtigen Hasen Ideen für ein
rhythmisches Spiel.

Um die Vorstellungskräfte der Kinder über die Bewegung
anzuregen, beginnt diese Spielreihe nicht mit der Betrach-
tung des Bilderbuches, sondern mit den Spielgestalten Riese
und den Tieren des Waldes. Von den Tieren wird dann die
Gestalt des Hasen Hoppelhans differenziert. Reime, Lieder
und bunte Klöppel formen das Bewegungsspiel, der Hase

tanzt einen Hasentanz. Durch Erzählen wird diese Spielreihe eingeleitet und voran gebracht.

3. Spielverlauf

1. Der Riese Oberpotz

Erz.: *Es lebt in einem Wald ein Riese namens Oberpotz. Und wie es eben Riesenart ist, so ist auch er riesengroß, riesenstark, und er macht Riesenschritte.*

- **Spiel im Stuhlkreis:**

Holter, polter, holler potz, *durch den Wald stapft Oberpotz.*	A	Schwer fallen abwechselnd rechte und linke Hand bei den Betonungen auf die Oberschenkel.
Schnell, schnell, schnell, *ihr Tiere lauft weg!* *Eilt nur, eilt* *in ein Versteck!* Denn ...	B	Die Finger laufen schnell auf den Oberschenkel bis zum Knie. Arme vor dem Gesicht verschränken.
Holter, polter, holler potz, *durch den Wald stapft Oberpotz:*	A	Auf die Oberschenkel patschen wie anfangs.

Tiere verstecken sich

Tip: Die Form des Verses (A-B-A) wird durch das Sprechen gestaltet: Riese – langsam, schwerfällig sprechen; Tiere – schnell, hell sprechen.

- **Bewegungsspiel im Raum:**

Erz.: *Was meint ihr, wie groß ist wohl ein Riese? 1 m, 2 m? Oberpotz ist so groß, daß er über die hohen Bäume des Waldes schauen kann, und dick ist er auch.*

Bewegungsvorbereitung:
Breitbeinig und mit festem Stand erfolgt hierbei eine Dehnung des ganzen Körpers von der Ferse bis zum Kopf. Jedoch nicht auf die Zehenspitzen stehen, denn der Riese ist ja schwer. Brust- und Bauchraum sind offen und frei, Arme können vom Körper etwas weggehalten werden. So haben wir einen dicken, großen, stolzen Riesen und beugen der schlechten Haltung vor.

Wir schauen uns um, begutachten uns gegenseitig und geben den Kindern damit Zeit, das „Riesenhafte" im Körper zu fühlen.

Der Riese stapft durch den Wald:
Es stapfen die „Riesen" durch den Raum, dabei sucht sich jeder seinen eigenen Weg.

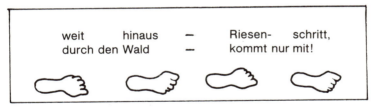

```
weit      hinaus      –     Riesen-    schritt,
durch den Wald        –     kommt nur mit!
```

Ausruhen kann sich der Riese auf einem Stein oder einem Baumstumpf, oder er setzt sich auf den Boden. Beine ausstrecken und gut ausschnaufen.

- **Oberpotz und die Tiere als Bewegungsspiel:**

Zum bereits bekannten Vers bewegen wir uns durch den ganzen Raum. Der Wechsel von Riesenschritt und Laufschritt fordert vom Kind ein schnelles Umschalten in der Bewegung.

Oberpotz und Hoppelhans 110

	Text	Bewegungsablauf / Charakteristik
A	*Holter, polter, holler potz, durch den Wald stapft Oberpotz.*	Riesenschritte durch den Raum. Jeder sucht sich seinen Weg. langsam – schwerfällig – weiter Schritt
B	*Schnell, schnell, schnell, ihr Tiere lauft weg! Eilt nur, eilt in ein Versteck! Denn ...*	Laufen ins Versteck. (Auch die Ecken eines Raumes sind Verstecke.) Arme vor dem Gesicht kreuzen (siehe S. 108). schnell – leichtfüßig – Laufschritt
A	*Holter, polter, holler potz, durch den Wald stapft Oberpotz.*	Riesenschritte durch den Raum. langsam – schwerfällig – weiter Schritt

Erz.: *Warum verstecken sich die Tiere vor Oberpotz? Er plagt sie den ganzen Tag. Jedes Muß für ihn Beeren, Pilze und Kräuter sammeln, denn er hat nur einen wackeligen Zahn.*

• **Das Lied vom Riesen:**

Zum Riesenlied bewegen wir uns entsprechend dem vorangegangenen Bewegungsspiel.

B   *Schnell, schnell, schnell,*
     ihr Tiere lauft weg!
     Eilt nur, eilt
     in ein Versteck!
A   Riesenlied folgt.

● **Der Riese ruht aus:**

Erz.: *Nur wenn Oberpotz schläft, haben die Tiere Ruhe vor ihm. Doch sein Schnaufen hört man noch weit durch den Wald: phhh – schschsch – chü ...*

Wir liegen auf dem Rücken und atmen aus. Auf jede Ausatmung kommt eine Silbe:

phhh   = kurzer, intensiver Atemstoß.
schschsch = stimmhaftes „sch" führt zur langsamen, geführten
              Ausatmung.
chü ... = kaum hörbar, zugespitzter Mund.

Das Atemgeräusch wird immer leiser, der Atemdruck nimmt ab.

Tip: Die Atemübung aktiviert das Zwerchfell. Der Atemrhythmus des Kindes unterscheidet sich wesentlich von dem eines Erwachsenen. Deshalb muß sich der Erzieher in den Atemrhythmus der Kinder einfühlen. Ein gut gelüfteter Rhythmikraum beeinflußt die Gesundheit und Konzentrationsfähigkeit der Kinder.

An dieser Stelle könnte eine erste Stunde ausklingen. Die zweite Stunde beginnt mit Wiederholungen aus der ersten Stunde. Danach wird das Bilderbuch betrachtet und der Hase Hoppelhans gespielt.

2. Der Hase Hoppelhans

● **Spiel mit den Händen:**

Die linke Hand ist der Busch, die rechte Hand ist der Hase. Der „Hase" ist zu Beginn noch hinterm Rücken versteckt.

Hase Hoppelhans neben dem Busch.

Oberpotz und Hoppelhans

Hoppel di hop –
husch husch.
Hoppelhans sitzt
hinterm Busch.

Der Hase kommt mit drei
Sprüngen hervor und bleibt
hinterm Busch sitzen.

Hier und da
schaut er hervor,
streckt die Löffel,
spitzt sein Ohr.

Bei (–) schaut er rechts und
links vom Busch hervor. Die
Ohren (Finger) strecken und
leicht bewegen.

Hoppel di hop –
husch husch.
Hoppelhans sitzt
vor dem Busch.

Zwei Sprünge seitlich und
einen Sprung vor den Busch,
dann still sitzen.

Hier und da
schaut er umher,
schnuppert, schnuppert,
Ist da wer?

Hase dreht sich (–) zur einen
und anderen Seite. Die beiden
Finger bewegen sich auf der
Daumenkuppe (schnuppern).

Hoppel di hop –
nein, nein.
Hoppelhans
ist ganz allein.

Zwei Sprünge auf der Stelle.
Bei „nein" mit dem Kopf leicht
wiegen.

Hasentanz: I. Reichmann

Auf der Stelle
hoppeln.

Je drei Sprünge
zur einen und
anderen Seite.

Bei jedem Sprung
(hop) wechselt
die Richtung.

Unser Hase
ist gesprungen,
das Tänzchen ist
ihm gut gelungen.

Hase sitzt still und
verschnauft.

Hoppel di hop –
aus, aus.
Hoppelhans springt
nun nach Haus.

Hase hoppelt weg und
verschwindet hinterm Rücken.

- **Vers für die ersten Hoppelversuche:**

  Hoppel, hoppel, Hoppelhans,
  hoppel, hoppel, ja er kann's!
  Hoppel di hop – hoppel di hop,
  hop – hop – hop.

Dieser kleine Vers zur Begleitung der ersten „Hoppelversuche" durch den Raum kann sowohl rhythmisch gesprochen, als auch auf die Hasentanzmelodie gesungen werden (siehe S. 112).

Zum Hoppeln gehen wir in die Hocke. Zuerst setzen wir die Hände auf und springen mit den Beinen nach (Hop-pel = Hände – Beine).

Tip: Das Hasenhoppeln ist sehr anstrengend und darf deshalb nicht zu lange gespielt werden.

Am Schluß gut verschnaufen, ruhen und die Beine lang strecken. Danach kann die zweite Stunde ausklingen.

4. Spielvorschläge für weitere Stunden

1. Hase Hoppelhans als Bewegungsspiel

Die Verse des Handgestenspieles (siehe S. 112) führen und ordnen das Hasenhoppeln durch den Raum. Sitzt Hoppelhans hinterm Busch, so bleiben wir in der Hocke und kreuzen die Arme vor dem Gesicht. Die Löffel streckt er, indem wir ebenfalls in der Hocke die Arme als Ohren hochstrecken. Ansonsten entsprechen die Bewegungen dem Text und den Handgesten.

✱ **Hasentanz:**

Oberpotz und Hoppelhans 114

Haken schlagen:
Unser Hase kann auch Haken schlagen. Dazu strukturieren Keulen, Hocker oder ähnliches als „Bäume" den Raum.

Hoppelhans, dem Hoppelhas,
Haken schlagen macht ihm Spaß!

2. Riesenspiel mit Klöppel

● **Das Dröhnen im Wald:**

Erz.: *Stapft Oberpotz zwischen den Bäumen, so schallt es:*

Holter, polter, potz,	spielen, mit Fäusten oder Klöppel
hört, wie's klingt und hallt,	Pause
holter, polter, potz,	spielen
hier im ganzen Wald.	Pause

Zur Vorbereitung des Klöppelspiels wird dieser Vers mit den Fäusten auf den Boden getrommelt.

Wie klingt übrigens das „Poltern" an der Wand, auf den Stühlen usw.?

Musizieren mit den Klöppeln.

Oberpotz und Hoppelhans

● Spiel- und Musizierstück:

Alles bisher Bekannte fügen wir zu einem abschließenden Spiel- und Musizierstück zusammen. Es empfiehlt sich, zunächst mit den Klöppeln zu musizieren (Spalte 2) und danach erst das Klöppelspiel mit der Bewegung zu kombinieren (Spalte 3).

	Text	Klöppelspiel	Klöppelspiel und Bewegung
A	*Holter, polter, potz, hört, wie's klingt und hallt, holter, polter, potz, hier im ganzen Wald.*	spielen Pause spielen Pause	Wir musizieren am Platz mit den Klöppeln.
B	A *Riesenlied* (siehe S. 110)	Im Schrittempo begleiten.	Mit Riesenschritten durch den Raum (Klöppel in der Hand behalten).
	B *Schnell, schnell, schnell, ihr Tiere lauft weg! Eilt nur, eilt in ein Versteck!*	Klöppelstiele schnell aneinander klopfen. Klöppel vor dem Gesicht überkreuzen.	Ins Versteck laufen. Klöppel vor dem Gesicht überkreuzen.
	A *Riesenlied*	Im Schrittempo begleiten.	Mit Riesenschritten durch den Raum.
A	*Holter, polter, potz, hört, wie's klingt und hallt, holter, polter, potz, hier im ganzen Wald.*	wie oben	Klöppelbegleitung am Platz.

● Spiel mit der Trommel:

Ein oder mehrere Kinder begleiten auf der Trommel (Waschmitteltrommel oder Eimer usw. sind auch möglich) die Riesenschritte der übrigen Gruppe.

Es kann ein Teil der Gruppe musizieren (Spalte 2), während der andere Teil singt, spricht und bewegt (Spalte 3).

Mit Riesenschritten
durch den Raum

3. Anregungen zu weitern Spielmöglichkeiten

Um zusätzliche Gegensätze zu erarbeiten, lassen sich weitere Spielgestalten aus unserer Geschichte mit einbeziehen:

- Bewegungsmäßige Gegensätze:
  Die Schnecke, die langsam kriecht (bodenbezogen, langsam) – im Gegensatz zum Vogel (leicht, fließende Bewegung)
- Räumliche Gegensätze:
  Der Vogel fliegt durch den Wald um die Tannenwipfel, quer über den weiten See und um den See herum.
- Klangliche Gegensätze:
  Das Geheule der Eule im Gegensatz zu dem Geklapper der Schlange.

5. Spielgestalten:

Riese Oberpotz – Hase Hoppelhans und andere Tiere des Waldes

Materialien und Instrumente:
    Klöppel, für jeden ein Paar.
    Eine Trommel (Waschmitteltrommel, Eimer usw.).
    Bilderbuch: Oberpotz und Hoppelhans, Ch. Duchow und Lilo Fromm, Verl. Obpacher, München.

Ein Sommertag

Stundenreihe zum Thema Sommer- und Ferienzeit. Alter: 5 bis 6 Jahre

1. Zum Thema

Mit zunehmendem Alter lernt das Kindergartenkind wiederkehrende Abläufe, Ordnungen und Rhythmen erkennen und überschauen. Zunächst ist es vor allem der Tagesablauf, dann der Wochenverlauf. Vor der Schule wird ein großes Interesse für Jahreszeiten und deren Einflüsse auf Natur-, Pflanzen- und Tierwelt wach.

Aufgabe des Kindergartens ist es u. a., dieses Interesse zu unterstützen, dem Kind durch das Spiel Erfahrungen zu vermitteln und Wissen zu vertiefen. Deshalb werden auch in der Rhythmik diese Themenkreise aufgenommen. So ergänzt das rhythmische Spiel sinnvoll das sonstige Kindergartenangebot und hat verbindend Einfluß auf den Kindergartenalltag. Beispiele: Ein Schiffchen wird nicht nur gefaltet, sondern in ein rhythmisches Spiel mit einbezogen. – wir „pflücken" die Kirschen für den Kirschkuchen, der dann gebacken wird. – Urlaubserlebnisse werden nicht nur erzählt und gemalt, sondern wir fahren alle mit dem „Schiff", wir beobachten und erleben unsere „See" mit großen und kleinen Wellen.

2. Zum Spielverlauf

Die Sommertagsstunde bildet den Rahmen, in dem dann weitere „Unternehmungen" eingebaut werden können. Jede Stunde entspricht somit einem „Sommertag". Auch hier werden die Spiele zunächst in einfacher Form vorgestellt, dann in weiteren Stunden differenzierter ausgestaltet. Das Sommerlied kann am Anfang und/oder am Ende der Stunde gesungen werden. Es ist unser Leitfaden durch die Stundenreihe. Durch Variieren des Stundenkerns ist es möglich, den Spielverlauf entsprechend zusammenzustellen.

Ein Sommertag 118

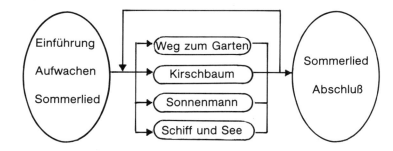

3. Spielsammlung

1. Das Aufwachen

● **Kinder wachen morgens auf**

*Wir recken und strecken uns,
wir reiben den Schlaf aus den Augen.
Wir gähnen tief
und springen aus dem Bett hinaus.*

Das Dehnen und Strecken unserer Glieder probieren wir im Liegen, Sitzen und Stehen in verschiedenen Richtungen mit Armen, Beinen, Bauch... Es ergeben sich lustige Positionen, in denen wir kurz verharren.

● **Einleitungsvers mit Bewegungsbegleitung:**

Kinder wachen morgens auf	Im Stehen recken und strecken.
und schauen gleich zum Fenster raus.	Angewinkelte Arme markieren das Fenster. Wir schauen nach rechts und links.
Seht nur, seht – die Sonne lacht –	Rechte Hand gespreizt kommt als Sonne im Bogen nach oben.
wie sie alles hell hier macht! Stell' ich mich doch, hei wie fein, mitten in den Sonnenschein.	Auf „hei" einen Schritt vorwärts gehen; die Hand ist nun genau über dem Kopf.
Sonne hell, Sonne warm, wie man dich doch fühlen kann.	verharren (unsere Phantasie macht es hell und warm).

Ein Sommertag

Scheint die Sonne in das Zimmer, beginnt der Vers im Schatten, so daß man sich mit einem Schritt in die Sonne stellen kann.

Sonne hell,
Sonne warm,
wie man dich
doch fühlen
kann.

2. Sommerlied

Volksgut aus der Pfalz

1. Tra-ri-ro, der Sommer der ist do!
Wir wollen in den Garten
und auf den Sommer warten.
Jo, jo, jo, der Sommer der ist do!

2. Tra-ri-ro, der Sommer, der ist do!
   Wir wollen in die Hecken
   und woll'n den Sommer wecken.
   Jo, jo, jo, der Sommer, der ist do!

Ein Sommertag 120

Teil	singen mit Handgesten	singen und musizieren in 3 Gruppen
1	„Posaune" (Tra-ri-ro): Hände wie eine Röhre vor den Mund legen, die vordere geht vor – zurück – vor. (der Sommer …) 3mal klatschen	„Posaune" = Trichter oder Röhre zum hineinsingen. – Gruppe 1 – = 3 Schläge auf der Triangel – Gruppe 2 –
2	auf die Oberschenkel patschen (8mal ♩)	= 8 Schläge auf der Handtrommel – Gruppe 3 –
3	„Posaune" vor – zurück – vor 3mal klatschen	„Posaune" = – Gruppe 1 – = 3 Schläge – Gruppe 2 –

3. Unsere Unternehmungen

● **Der Weg in den Garten:**

> Bei *diesem schönen Sonnenschein*
> bleiben *wir* doch *nicht* daheim.
> Wir *gehen in* den *Garten*,
> woll'n *auf* den *Sommer warten*.

Zunächst patschen wir im Metrum (–) des Verses auf den Boden, dann geht es im entsprechenden Schrittempo dazu durch den Raum.

Der gerade Weg:

> *Geradeaus, geradeaus,*
> *geradeaus führt unser Weg,*
> *bis es nicht mehr weiter geht.*

Zur Orientierung zeigt ein Arm gestreckt nach vorne und wir durchqueren den Raum, bis alle an der Wand anstoßen. Zur Unterstützung dieser strengen Bewegung wird sehr rhythmisch gesprochen (ge-<u>ra</u>-<u>de</u>-<u>aus</u>).

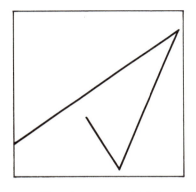

Erfahrungsgemäß werden die Kinder erst einmal den Weg des Erziehers mitgehen.

*Hoppla, oh wie dumm,
dreh'n wir uns einfach um!*

An der Wand angekommen drehen wir uns um und durchqueren den Raum mit einer neuen Geraden. Nach ein paar gemeinsamen Versuchen sucht sich jeder ein eigenes „Haus" an der Wand. Nun kreuzen sich die Wege. Wie kann man dies unter Beibehaltung der Gerade lösen?

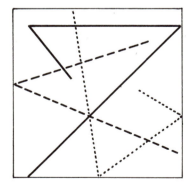

Die Kinder finden selbst Möglichkeiten: Mit kleineren oder größeren Schritten ausgleichen, oder man geht auf der Stelle und wartet, bis der andere vorbei ist.

Ein Sommertag 122

Auf Geraden
durchqueren
wir den Raum.

Der Kurvenweg: Text und Melodie: I. Reichmann

Schlingel schlangel Kurvenweg, wo führst du mich hin?

Schlingel schlangel Kurvenweg, wo ist denn dein Ziel?

Im nicht zu schnellen Laufschritt legen wir uns in die Kurven und bleiben beim Liedende stehen.

Tip: Die Kinder genießen dies nach dem Einhalten der Geraden.

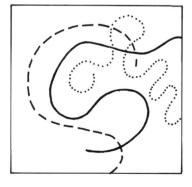

Der gerade Weg und der Kurvenweg:

Schneller Wechsel
von Gerade und Kurve.

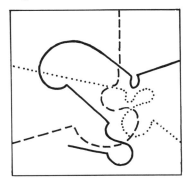

Bewegungsbegleitung mit Instrumenten:

Der Erzieher begleitet die
Bewegung mit Instrumenten, spricht und singt dazu.

ge   ra de aus
(Röhrentrommel)

Gerade mit der Röhrentrommel, Kurvenlied mit der Rassel begleiten.
 Später hören die Kinder nur auf die Instrumente und erkennen daraus, ob sie gerade oder kurvige Wege gehen sollen.

Nach langem Spaziergang sind wir im Garten angekommen und müssen uns erst einmal ausruhen.

- **Der Kirschbaum**
Sprachspiel mit Gesten und Gebärden:

Im Garten steht prächtig, gewaltig, groß und mächtig ein Kirschenbaum.	Fester Stand (tief verwurzelt), breitbeinig mit erhobenen Armen.
An seinen Zweigen hängen Kirschen in großen Mengen. x x x	Blick geht zum rechten und linken Arm. Bei x formen rechter und linker Daumen und Zeigefinger abwechselnd eine Kirsche.
Kinder, Kinder! Wunderbar! Kommt wir pflücken uns ein paar!	Mit der Hand über den Bauch streichen (mmh ist das gut).

Ein Sommertag

*So muß sich jeder recken
und tüchtig lange strecken –
geschafft!*

Entsprechend dem Text auf die Zehen stehen und sich recken, als wolle man hoch oben eine Kirsche pflücken.

Der linke Arm formt einen Korb vor dem Körper. Entsprechend dem Lied pflücken wir die Kirschen und legen sie in den Korb.

*Kirschen pflücken,
tüchtig recken,
Eins und zwei und
Kirschen, Kirschen*

*Kirschen pflücken
lange strecken.
drei und vier,
pflücken wir.*

Auch die heruntergefallenen Kirschen lesen wir auf, bücken uns und singen. (Es darf auch eine gegessen werden!)

*Sammeln wir die Kirschen ein.
Jede kommt in den Korb hinein.*

Dies geschieht zuerst am Platz, dann in der Fortbewegung um den imaginären Kirschbaum.
  Doch unsere Körbe sind noch lange nicht voll. Es reicht nicht für einen Kirschkuchen (Wiederholung).

Kirschen pflücken und Kirschen auflesen als musikalische Höraufgabe:
Zur Vorbereitung werden die Verse zur Bewegung gesprochen, dann gesungen. Später, meist ist es erst in nachfolgenden Stunden möglich, spielt der Erzieher die Melodien auf der Flöte. Die Kinder erkennen, ob sie Kirschen pflücken oder einsammeln.

Tanz um den Kirschbaum:
Als Dank für die reiche Ernte tanzen alle um den Kirschbaum einen „Kirschbaumtanz":

Aus: Die Kinderflöte
Schott-Verlag, Mainz

Aufstellung im Kreis,
durchgefaßte Hände.

– nach rechts und links wiegen.

– bei grün ein Klatscher
– eine Drehung am Platz

– nach rechts und links wiegen

– bei grün ein Klatscher
– eine Drehung am Platz.

Zwischenspiel:

Melodie: Iris Reichmann

hüpfen mit gefaßten Händen in Tanzrichtung.

Wiederholung des Liedes (Teil 1)

Tanzeinführung:

- Wir singen das Lied und klatschen bei „grün".
- Wir wiegen im Kreis, Hände sind dabei noch nicht durchgefaßt. D. h., die Beine sind leicht gegrätscht, und das Gewicht verlagert sich auf den rechten, dann auf den linken

Ein Sommertag 126

Fuß. Für die gegenüberstehenden Kinder ist es eventuell hilfreich, wenn der Erzieher mit der Hand die Richtung mit anzeigt.

● Auf die Liedmelodie kann der Tanz nun gesungen und bewegt werden:

hin (wiegen), her (wiegen),
klatsch und dann um uns dreh'n.
hin, her,
klatsch, dreh'n und steh'n.

● Die Schwierigkeit beim Tanzen im geschlossenen Kreis ist das schnelle Durchfassen der Hände nach der Drehung.

Dies kann man wie folgt üben: Wir schließen die Augen im durchgefaßten Kreis, öffnen nun die Handfassung und versuchen, die Hände der Nachbarn blind zu finden. Dabei sollten die Hände diagonal nach unten fallen und sich beim Suchen nur soviel wie notwendig bewegen. Die Kinder erfahren bald, daß es mit dieser V-Fassung am besten geht.

Im Zwischenspiel hüpfen wir mit gefaßten Händen in Tanzrichtung um den „Baum".

● **Der Sonnenmann:**
Im Sonnenlicht entdeckt einer etwas ganz Sonderbares:

Klettert doch ein klitzekleiner Mann
auf einem Sonnenstrahl entlang.

Hört ihr seinen Schritt?

Klettert immer weiter
auf der Sonnenleiter.

Keiner ist mehr mit!

Schon ist er hoch oben.
Entdeckt ihr ihn dort droben

mit seinem sichren Tritt?

Lange klettert unser Mann,
heute kommt er nicht mehr an.

Der Sonnenmann ist der rechte Mittel- und Zeigefinger. Er läuft am linken Arm hoch, und bei der Aufforderung zum Hören ist unser Mann vor der Schulter angekommen. Wenn man genau lauscht, hört nun jeder seinen eigenen Mann. Er klettert weiter über den Kopf, in die Luft, bis der Arm gestreckt ist. Bei der Frage „Entdeckt ihr ihn ..." legen wir die Hand als Schild über die Augen und schauen ihm nach.

Tip: Die Kinder dachten gemeinsam das Verschen zu Ende. Wer ist wohl dieser Sonnenmann? Wohin geht er? Was sieht er von oben? ...

Es lassen sich daraus lustige Geschichten erfinden. Vielleicht auch für eine weitere Rhythmikstunde. Viel Spaß! Wir ließen den Sonnenmann nach seiner langen Reise an einem Sonnenstrahl herunterrutschen.

Übertragen auf das Glockenspiel:
Das Glockenspiel ist unsere „Sonnenleiter"; es liegt eine Tonleiter auf. Die Finger klettern Ton für Ton die Leiter hinauf. Mit jeder Phrase (♩) beginnen wir wieder auf dem untersten Ton, warten oben, bis alle angekommen sind, und hören den Klängen nach.

Diese Geschichte läßt sich instrumental weiter ausgestalten:
Der Sonnenmann bleibt oben sitzen – dies entspricht einer Pause.
Er rutscht an einem Strahl hinunter – schnelles Streichen von oben nach unten (glissando).

Wir musizieren die Geschichte vom Sonnenmann mit dem Klöppel auf dem Glockenspiel. Den Klöppel kann man als Sonnenmann gestalten.

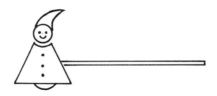

Ein Sommertag 128

Erstes Musizieren auf dem Glockenspiel

- **Das Schiff und die See:**

An einem besonders schönen Sommertag ist es zu heiß, um in den Garten zu gehen. Heute machen alle einen Ausflug an die See:

Die Schiffsreise: Bewegungsspiel zum gesprochenen Verlauf

Im Hafen ruht mein Schiff. *Sachte und leise* *weht der Wind seine Weise* *und wiegt mein Schiff,* *hin – her – hin – her.*	Die Hand formt sich wie eine Schüssel und bildet so das Schiff, das sich im Schoß leicht hin und her bewegt.
Nun geht es auf die Reise. *Ruhig gleitet es aus dem* *Hafen, hinaus auf die* *weite See.*	Langsam gleitet das Schiff gerade vorwärts.
Auf den Wellen auf und ab *schaukelt es fort.* *Schon weht es stärker,* *es pfeift der Wind,* *und mit Getöse und Gebraus* *kommt ein Sturmwind auf.*	Auf – und ab – Bewegung nimmt entsprechend der Sprache zu.

*Das Schiff wird gerüttelt
und geschüttelt,
drum geht es besser heim.
Bei einem solchen Sturmwind
möchte es im sicheren
Hafen sein.*

Die Wellenbewegung nimmt
ab, und das Schiff landet
wieder im Schoß.

Nun geht die Schiffahrt vom Platz in den Raum. Die Hand
führt die Bewegung, d.h., der Körper läßt sich von der Wellenbewegung beeinflussen.

Ein Faltschiffchen auf der Hand lenkt die Aufmerksamkeit vermehrt zu ihr.

Der gemeinsame Hafen für unsere Schiffe.

Die See:
Aus vier Bettüchern wurde ein großes Tuch zusammengenäht und blau eingefärbt, dies ist unsere See. Es liegt ausgebreitet am Boden, und die Kinder fassen rundherum an. Zur Schiffsreise wird das Tuch entsprechend bewegt.

Tip: Das Spiel mit dem Tuch bringt viel Spaß und Freude. Die dynamischen Elemente werden hierbei hörbar, beobachtbar und durch die Luftbewegung fühlbar. Es eignet sich gut für besonders heiße Sommertage.

Ein Sommertag

Wellenspiel mit dem Tuch:

- Wir probieren verschiedene Höhen und Stärken der Wellen im Stehen und Sitzen.
- Das Tuch bleibt glatt, und nur ein Mitspieler schickt eine Welle los. Wir fühlen die Luftbewegung und beobachten den Wellenverlauf. Ein Triangelschlag zeigt an, wenn der nächste an der Reihe ist.
- Jedes Kind faßt mit einer Hand das Tuch, mit der anderen fühlt es im geringen Abstand über dem Tuch die kleinen Wellenbewegungen.
- Einige Kinder legen sich als Fische auf den Boden unter das Tuch. Die übrigen bewegen das Tuch in verschiedenen Stärken im Stehen und Knien.

Das Schiff und die See:
Zwei Kinder stellen zusammen ein Schiff dar und dürfen sich mitten auf das Tuch setzen. Der Erzieher und die anderen Kinder erzählen und bewegen das Tuch zur „Schiffsreise" (siehe S. 128/129). Setzen Sie sich einmal selbst hinein!

Unsere Schiffsreis

131   *Das Pfefferkuchenmännlein*

4. Spielgestalten:

Kinder, beim Aufwachen,
        die in den Garten gehen,
        die Kirschen pflücken,
        die tanzen.
der Kirschbaum
der Sonnenmann
das Schiff

Materialien und Instrumente:
Für das Sommerlied:
Papierröhre, Trichter oder ähnliches.
Triangeln, Handtrommeln

Für den Weg in den Garten:
1 Röhrentrommel
1 Rassel

Für das Kirschenpflücken:
1 Flöte

Für den Sonnenmann:
Glockenspiele (wenn möglich für jeden Mitspieler eines), Klöppel

Für die Schiffsreise:
Faltschiffchen für jeden Mitspieler

Für die See:
großes Tuch aus 4 Bettüchern, blau gefärbt, 1 Triangel

Das Pfefferkuchenmännlein

Ein Märchen aus England, erzählt von Artur Kern, aus:
Gritzly 1, Verlag Herder. Alter: ab 5 Jahren

1. Zum Thema

Backen von Plätzchen, Nikolaus- und Lebkuchenmännern
ist aus der vorweihnachtlichen Zeit nicht mehr wegzuden-
ken. Gerade die Kinder freuen sich, wenn sie mithelfen dürfen, und bestimmt weiß jedes davon zu berichten. Im nach-

folgenden Spiel machen wir uns dies zunutze. Wir „verwandeln" uns in Teig und fromen uns selbst. So lernen die Kinder mit ihrem Körper umgehen und entwickeln ein Körpergefühl. Lockerungs- und Entspannungsübungen wechseln mit dem kraftvollen Einsatz des ganzen Körpers. Begriffe, wie z. B. flach, klein und rund, werden durch die Bewegung erlebt.

2. Zur Spieldurchführung

Die folgende Spielsammlung kann je nach Alter und Können der Kinder, in 4 bis 5 Stunden eingeteilt werden. Auch hier müssen nicht alle Spielanregungen auf einmal durchgeführt werden. Es ist gut, wenn man Bekanntes aus der vorigen Stunde wiederholt und dann weiterführt. So vertieft sich das Erfahrene und die Kinder gestalten die Spiele phantasievoller und intensiver mit.

3. Spielverlauf

Zusammen backen wir Pfefferkuchenmänner. Dazu erzählt der Erzieher zur Einstimmung folgendes Märchen:

Das Pfefferkuchenmännlein

Es waren einmal ein altes Weiblein und ein altes Männlein.
Sie lebten ganz allein in einem alten Häuschen.
Sie hatten keine Kinder, keine Knaben und keine Mädchen.
Einmal formte das alte Weiblein
aus Pfefferkuchenteig ein Männlein.
Sie knetete es fest durch, rollte es und stellte es aufrecht.
Sie machte ihm ein Jäckchen aus Schokolade.
Darauf drückte sie Rosinen, das waren die Knöpfe.
Für die Augen nahm sie sich schöne, große Johannisbeeren.
Der Mund war aus rosarotem Zucker,
und auf das Köpfchen bekam das Männlein
ein schönes gelbes Mützchen aus Kandiszucker.
Als sie auch seine Füße schön geformt hatte,
legte sie es auf das Kuchenblech.

Dann schob sie das Kuchenblech in den Backofen
und schloß die Backofentür fest zu.
Sie sagte: „Jetzt werde ich bald ein eigenes Kind haben!"

- **Teig rühren:**

Die Kinder wissen zu berichten, was alles in einen Pfefferkuchenteig hinein muß. Dazu sitzen wir im Kreis und formen den linken Arm wie eine Schüssel vor dem Körper. Der rechte Arm schüttet eine Zutat hinein und rührt im Takt rundherum:

    1. Butter in die Schüssel,
    2. Zucker in die Schüssel,
    3. Nüsse in die Schüssel,
    4. ...

Refr.: Rühret ein, rühret ein, der Teig wird bald fer- tig sein.

Später ersetzt eine Handtrommel unsere Schüssel. Der gesprochene Teil wird im Rhythmus geklopft, zum Singen des Liedes streichen wir rundherum. Verschiedene Klangmöglichkeiten werden probiert: Streichen und Klopfen mit den Fingerspitzen, mit der flachen Hand, mit dem Handknöchel usw.

- **Der Teigklumpen:**

Eine Hand knetet die andere und formt sie zur Faust zusammen. Aber auch wir selbst sind „Teig". Wir kneten die Füße, die Waden ..., den ganzen Körper und auch das Gesicht mit beiden Händen nicht zu fest.

Tip: Dies bereitet viel Spaß. Kleine Pausen beim Massieren lassen uns besser spüren, wie es unter der Haut kribbelt.

Nach tüchtigem Kneten rollt sich der „Teig" zu verschiedenen Klumpen zusammen. Der Erzieher geht von Kind zu Kind, „formt" an den kleinen Klumpen und streicht ihnen dabei über den Rücken. Dies wirkt entspannend auf die Kinder, es läßt sie auch die Form des Klumpens besser spüren.

- **Die Teigplatte:**   (▼)

    eidewitsch, eidewatsch und patsch
      (der Teig ist flach)

Das Pfefferkuchenmännlein

Mit der Hand: Die Faust wird bei (▼) flach geklopft und liegt dann gespreizt auf dem Boden.

Mit dem Körper: Wir schnellen beim Akzent (▼) auseinander und liegen flach auf dem Boden.

Der Akzent wird mit einer Trommel (oder einem anderen Instrument) unterstrichen.

Als weitere Spielmöglichkeit berührt der Erzieher die einzelnen Kinder mit der Hand, die sich darauf blitzschnell auseinanderfalten.

Ist der Teig schon genügend geknetet? Die Kinder bleiben auf dem Boden liegen. Der Erzieher schaut bei jedem „Teig" nach und schüttelt Arme bzw. Beine vorsichtig aus (je ein Gelenk mit beiden Händen umfassen).

- **Die Teigrolle:**

Mit der Vorstellung, eine Teigrolle zu sein, rollen wir auf dem Boden zum Lied.

In späteren Stunden kann die Melodie auf der Flöte gespielt werden. Die Kinder hören und bewegen sich entsprechend.

- **Das Formen des Kuchenmannes:**

Wir formen die Beine,
wir formen den Bauch,
Arme und Kopf
bekommt er auch.

Entsprechend dem Text streichen wir mit beiden Handflächen dem Körper entlang. Gerne kann man noch andere Körperteile hinzufügen und benennen.

Das Pfefferkuchenmännlein

ⓔ ⓔ ⓔ ⓔ

Aufgesetzt die Knöpfe dann – Rhythmisch sprechen. Mit den
fertig ist der Kuchenmann. Händen werden imaginäre
 Knöpfe (ⓔ) auf den Bauch
 gesetzt.

● **Der weiche Teigmann:** Text und Melodie: I. Reichmann

Unser Pfeffer-kuchenmann fängt sich zu be-wegen an.
Ach, oh-je, ja und dann seht euch die Bescherung an.

Der Kuchenmann ist ja noch nicht gebacken. Beim Gehen und Bewegen werden die Beine „kürzer", und am Liedende landen wir in einer lustigen Teigfigur, die keinerlei Ähnlichkeit mit dem Kuchenmann mehr hat. Wir verharren einen Augenblick in dieser Stellung, schauen uns gegenseitig an. Erneut schließt sich das Formen des Kuchenmannes an; so kann dieses Spiel beliebig wiederholt werden.

Statt dem Gehen wird nun zum improvisierten Instrumentalspiel auch getanzt oder gehüpft. Am Schluß wieder in einer neuen Teigfigur verharren.

Eine weitere Spielvariante entsteht, indem nur ein Kind der bewegliche Teigmann ist. Die anderen Kinder dürfen nacheinander diesen Teigmann verändern. Solange der Kuchenmann bewegt wird, begleitet eine Rassel diese Bewegung. Der Teigmann und der Rasselspieler werden natürlich ausgetauscht.

● **Der blinde Pfefferkuchenmann:**

Der Kuchenmann hat noch keine Augen bekommen. Kurze Zeit gehen wir mit geschlossenen Augen, tasten uns voran und hören, ob jemand in der Nähe ist.

Bei älteren Kindern wird der blinde Kuchenmann sorgfältig von einem zweiten Kind geführt. (Improvisierte Instrumentalmusik kann dieses Führen begleiten.)

Das Pfefferkuchenmännlein 136

• **Liedeinführung:** Text: Hanna Hanisch ✻ Melodie: Hans Poser

Setz den Teig mit Honig an, knack die braunen Kerne,
einen Pfeffer-kuchen-mann haben alle gerne.
Rulala Rulala haben alle gerne.

2. Mach ein großes Feuer an, daß die Funken stieben,
☺ ☺ ☺☺ ☺☺☺
fertig ist der braune Mann, Knöpfe hat er sieben.
Rulala ...

3. Ich und du und du und ich, jeder will ihn haben,
Nikolaus (Christkind), ja wir bitten dich,
bring uns deine Gaben.
Rulala ...

Gestenbegleitung zum Lied:

Erste Strophe:

Takt
1/2 Linker Arm formt eine Schüssel vor dem Körper, die rechte Hand rührt (als ob sie einen Kochlöffel hält) in Kreisbewegung im Metrum.

3/4 Zeigefinger und Daumen der linken Hand legen sich aufeinander und stellen so die Nuß dar. Zeigefinger und Daumen der rechten Hand knacken diese auf jedes erste Viertel des Taktes.

Wir knacken die Nüsse.

5/6 Rechte Hand ist der Pfefferkuchenmann, Handfläche zeigt noch vorne, als wäre diese das Gesicht des Mannes, der Arm bis zum Ellenbogen der Körper.

Das Pfefferkuchenmännlein

7/8 Linke Hand streicht über den Bauch.
9–12 Auf den ersten Schlag jedes Taktes wird geklatscht, oder (bei jüngeren Kindern) der „Mann" wiegt auf einen Takt hin und wieder zurück.
13/14 Siehe 7/8.

Zweite Strophe:

Takt
1/2 Beide Hände malen gegengleich ein Feuer in die Luft.

3/4 Funken stieben mit einer kräftigen Seitwärtsbewegung der Hand auf das Metrum (rechts und links abwechselnd).
5/6 Siehe 1. Strophe 5/6.
7/8 Vom Ellenbogen aufwärts werden mit dem linken Zeigefinger die 7 Knöpfe markiert (bei ☺).
Refrain siehe oben.

Der Pfefferkuchenmann
bekommt sieben Knöpfe.

Dritte Strophe:

Takt
1/2 Bei „ich" – auf einen selbst zeigen, bei „du" – auf einen der Mitspieler.
3/4 Wieder über den Bauch streichen, als ob man zeige: „mmh, wie gut ist das."
5–8 Pfefferkuchenmann tanzt im Metrum hin und zurück.

Fortsetzung des Märchens:

Als der Pfefferkuchen gebacken war,
öffnete das alte Weiblein die Backofentür
und zog das Kuchenblech heraus.
Und schon hüpfte das Lebkuchenmännlein
vom Blech herunter auf den Boden.
Weg rannte es, zur Tür hinaus und die Straße hinunter.
Das alte Weiblein und das alte Männlein
rannten ihm nach, so schnell sie nur konnten.
Aber das Pfefferkuchenmännlein lachte sie aus und rief:

Das Pfefferkuchenmännlein 138

„Immer schneller, Weiblein! Immer schneller heran!
Fängst mich doch nicht, Weiblein! Fängst mich doch nicht, Männ-
lein!
Bin der Pfefferkuchenmann!"
Und sie konnten ihn einfach nicht erwischen.
Das Pfefferkuchenmännlein rannte und rannte.
Da kam es an einer Kuh vorbei, die am Wegrande stand.
„Halt an, Pfefferkuchenmann!" sagte die Kuh.
„Ich will dich fressen!"
Das Pfefferkuchenmännlein aber lachte und sagte:
„Ich bin dem alten Weiblein fortgerannt, dem alten Männlein,
und ich kann auch dir davonrennen. Jawohl, das kann ich!"

Und als die Kuh ihm nachsprang,
schaute das Männlein über seine Schulter zurück und rief:
„Immer schneller, Kühlein!
Immer schneller, Kühlein!
Immer schneller heran!
Fängst mich doch nicht, Kühlein! Fängst mich doch nicht, Kühlein!
Bin der Pfefferkuchenmann!"
Und die Kuh konnte ihn einfach nicht erwischen.

Das Pfefferkuchenmännlein rannte und rannte und rannte.
Da kam es an einem Pferd vorbei, das auf einer Wiese stand.
„Bitte, bleib stehn, Pfefferkuchenmann!" sagte das Pferd.
„Du siehst so schön zum Fressen aus!"
Aber das Pfefferkuchenmännlein lachte laut:
„Oho! Oho!" sagte es.
„Ich bin dem alten Weiblein fortgerannt,
dem alten Männlein und auch der Kuh.
Ich kann auch dir davonlaufen! Jawohl, das kann ich!"

Als das Pferd ihm nachsprang,
schaute das Männlein über seine Schulter zurück und rief:
„Immer schneller, Rößlein! Immer schneller, Rößlein!
Immer schneller heran!
Fängst mich doch nicht, Rößlein! Fängst mich doch nicht, Rößlein!
Bin der Pfefferkuchenmann!"
Und das Pferd konnte ihn einfach nicht erwischen.

Da wurde der Pfefferkuchenmann sehr stolz und sagte:
„Mich kann keiner fangen!"
Kurz darauf sah er einen Fuchs über das Feld kommen.
Der Fuchs sah den Pfefferkuchenmann und fing auch an zu ren-
nen.

*Aber das Pfefferkuchenmännlein rief zu ihm hinüber:
„Du fängst mich nicht!"
Da rannte der Fuchs immer schneller.
Aber auch das Männlein rannte immer schneller.
Während es so rannte, rief es:
„Ich bin dem alten Weiblein fortgerannt,
dem alten Männlein, der Kuh und dem Pferd.
Ich kann auch dir fortrennen. Jawohl, das kann ich!"
Dann lachte es den Fuchs aus und spottete:
„Immer schneller, Füchslein! Immer schneller, Füchslein!
Immer schneller heran!
Fängst mich doch nicht, Füchslein! Fängst mich doch nicht, Füchslein!
Bin der Pfefferkuchenmann!"*

- **Das steif gebackene Pfefferkuchenmännlein:**

Aus dem weichen Teigmann, der zusammenfällt, wird nun ein steif gebackener Mann.

Steif versuchen auch wir, vorwärts zu kommen (z. B. mit kleinen Sprüngen, wiegend Beine entlasten usw.).

Tip: Immer wieder lockern wir zwischen dem steifen Gehen unsere Glieder!

- **Das Weglaufen des Kuchenmannes:**

Dem alten Weiblein und dem alten Männlein lauft der Pfefferkuchenmann davon.

Lied siehe oben	Singen und bewegen.
„Immer schneller,	Zunehmend schneller
immer schneller,	sprechen und mitbewegen.
immer schneller heran!	
Fängst mich doch nicht,	
fängst mich doch nicht,	
bin der Pfefferkuchenmann!"	

Kontinuierlich steigert sich die Bewegung entsprechend der Sprache. Je schneller das Gehen, umso lebendiger wird der Kuchenmann; er kann also nicht mehr steif davonlaufen.

Dieses gleichmäßige Zunehmen muß öfters wiederholt werden, denn meist fangen die Kinder nach einigen Gehschritten gleich zu rennen an.

Bevor wir das Weglaufen des Kuchenmannes auf Instrumente (Klangstäbe, Hölzchen oder ähnliches) übertragen, klatschen wir zum Lied und Spruch mit zunehmendem Tempo auf den Boden oder die Oberschenkel.

Gemeinsames Musizieren.

Fortsetzung des Märchens:

Da sprach der Fuchs:
„Selbst wenn ich könnte, Pfefferkuchenmännlein,
würde ich dich nicht fangen.
Ich denke nicht daran, dir etwas anzutun!"
Gerade in diesem Augenblick
kam der Pfefferkuchenmann an einen großen Fluß.
Hinüber konnte er nicht schwimmen,
und hinter ihm her kamen – o weh! –
das Pferd und die Kuh, der Mann und die Frau.
„Hüpfe schnell auf meinen Schwanz!" sagte der Fuchs,
„und ich will dich über den Fluß bringen!"
Da hüpfte das Männlein dem Fuchs auf den Schwanz,
und der Fuchs begann über den Fluß zu schwimmen.
Als er ein Stückchen vom Ufer weg war, drehte er seinen Kopf und sagte:
„Kleiner Pfefferkuchenmann! Du bist so schwer auf meinem Schwanz.
Ich fürchte, du wirst ordentlich naß werden. Hüpfe auf meinen Rücken."
Da hüpfte das Pfefferkuchenmännlein dem Fuchs auf den Rücken.
Etwas später sagte der Fuchs:
„Ich habe Angst, daß dort auf dem Rücken das Wasser über dich fließt.
Hüpfe auf meine Schulter!"
Da hüpfte das Pfefferkuchenmännlein dem Fuchs auf die Schulter.

In der Mitte des Stromes sagte der Fuchs:
„Ach, liebes kleines Pfefferkuchenmännlein!
Meine Schulter sinkt immer tiefer ins Wasser!
Hüpfe auf meine Nase!
Dann kann ich dich besser aus dem Wasser halten!"
So hüpfte das Männlein dem Fuchs auf die Nase.

In dem Augenblick, da der Fuchs das Ufer erreichte,
zog er schnell den Kopf zurück.
Das Männlein fiel von der Nase herunter,
und schon schnappte der Fuchs nach ihm.
„Ach du Schreck! Ach du Schreck!" sprach das Männlein,
„ein Viertel von mir ist schon weg!"
In der nächsten Minute sagte es:
„Ach du Schreck! Ach du Schreck! Jetzt ist schon die Hälfte weg!"
Eine Minute später sagte es:

Das Pfefferkuchenmännlein 142

Ach du Schreck! Ach du Schreck! Jetzt sind schon drei Viertel weg!"
Und dann? Und dann? Und dann? Weg war der ganze Pfefferkuchenmann!

Zum Abschluß der Stundenreihe kann man einen gebackenen Pfefferkuchenmann an die Kinder aufteilen und dazu das Ende des Märchens erzählen.

4. *Anregungen zu weiteren Spielmöglichkeiten*

Mit den restlichen Spielgestalten des Märchens läßt sich die Stundenreihe ausbauen. Grundbewegungsarten mit ihren unterschiedlichen Tempi und Rhythmen bereichern und differenzieren den Bewegungsschwerpunkt dieser Spielreihe.

Beispiele:
– Das Einhalten eines langsamen Gehtempos wird in der Rolle der alten Frau und des alten Mannes geübt. Mit einem Stab als Stock kann jeder zweite Schritt betont werden (2er Takt, schwer – leicht). Diesem ähnlich ist auch die Kuh mit ihren behäbigen Bewegungen (eventuell mit dem Lied: „Muh, muh, muh, bin die bunte Kuh").
– Das Pferd trabt und galoppiert, bei älteren Kindern auch im schnelleren Wechsel.
– Der Fuchs schleicht langsam und schneller heran, jedoch kaum hörbar. Muß er über, unter oder durch Hindernisse (Felsbrocken, Zaun, Geäst), dann verlangt dies schon viel Geschicklichkeit.

5. *Methodische Hinweise*

In den Spielen mit dem Bewegungsschwerpunkt ist oft folgendes zu beobachten: Es gibt Kinder, denen es an Spannung mangelt. Ihnen fällt der „steif gebackene Kuchenmann" schwer, die Schultern hängen und ihr Bewegen ist meist mit einem schlürfenden Gang verbunden. Andere wiederum sind überspannt, ein „Ausschütteln", wie beim Teigspiel (siehe S. 134), ist kaum möglich. Solche Spannungszustände sind nicht nur körperlicher Natur, sondern beeinflussen das Innere und spiegeln das Allgemeinbefinden wider. In dieser Wechselbeziehung wird die Bedeutung der Bewegungserziehung erkennbar.

Es ist beim Spiel des „steif gebackenen Kuchenmannes" möglich, daß die Kinder nicht spontan neue Teigfiguren erfinden. (Besonders bei Kindern mit kleinem Bewegungsrepertoire und wenig Rhythmikerfahrung.) Spielt der Erzieher hier phantasievoll mit, kommen die Kinder bald auf neue Ideen.

Melodie und Taktwechsel des Liedes (siehe S. 136) „Setz den Teig ..." sind nicht ganz einfach. Wir singen es daher in jeder Stunde dieser Reihe. Auch das Märchen wünschen sich die Kinder erfahrungsgemäß wiederholt erzählt. Sie sprechen dabei bald den Vers des Kuchenmannes mit.

6. Spielgestalten

Der Teig.
Der nicht gebackene und der steif gebackene Kuchenmann.
Eventuell weitere Spielgestalten aus dem Märchen.

Materialien und Instrumente:
Flöte oder anderes Instrument für den Erzieher.
Handtrommel für jeden Mitspieler.
Rassel, Stäbe, diverse Instrumente wie vorhanden.

Quellennachweis

S. 32   Henriette Bimmelbahn: Text aus dem Bilderbuch „Henriette Bimmelbahn" von James Krüss und Lisl Stich. Boje Verlag, Erlangen.

S. 42   Die kleine Eisenbahn. Text: Rosemarie Hetzner; Melodie: Wolfram Menschick. Abdruck mit freundlicher Genehmigung der Autorin.

S. 45   Vom schlafenden Apfel. Rechte: James Krüss. Abdruck mit Genehmigung des Autors.

S. 77   Ich bin ein kleiner Esel. Text und Melodie: A. Gaß-Tutt, aus: Tanzkarussell 1 – Fidula-Verlag, Boppard/Salzburg.

S. 84   Ich habe eine Rassel. Text: S. Peter-Führe, Melodie nach A. Gaß-Tutt „Ich bin ein kleiner Esel", aus: Tanzkarussell 1 – Fidula-Verlag, Boppard/Salzburg.

S. 85   Uns're Katz heißt Mohrle von Wilhelm Bender. Abdruck mit Genehmigung des Verlages SCHOTT MUSIK INTERNATIONAL, Mainz.

S. 94   Das Füchslein wollte Vögel fangen. Text: Kindervers aus „Rhythmen und Reime", Verlag Freies Geistesleben, Stuttgart. Melodie S. Peter-Führe.

S. 95   Die Tiere saßen mal herum. Text und Melodie: Barbara Böke, aus: Die Maultrommel, Fidula-Verlag, Boppard/Salzburg. Leichte Textänderungen mit freundlicher Genehmigung der Autorin.

S. 101   Das große, kecke Zeitungsblatt. Gedicht von Josef Guggenmos. Abdruck mit freundlicher Genehmigung des Autors. Vertonung S. Peter-Führe.

S. 125   Juja, grün ist der Kirschenbaum: Aus: Die Kinderflöte, Heft 1 von Johannes Runge, Edition Schott 4880, Schott-Verlag, Mainz. Zwischenspiel mit Melodie von Iris Reichmann.

S. 132   Das Pfefferkuchenmännlein. Aus: Artur Kern, Gritzly 1, Verlag Herder, Freiburg i. Br.

S. 136   Unser Pfefferkuchenmann (Setz den Teig mit Honig an), Text: Hanna Hanisch, Melodie: Hans Poser. Aus: „Eia Winter! Eia Weihnacht", aus: Das Kinderjahr, Heft 7, hrsg. von Hanna und Rolf Hanisch, Deutscher Theaterverlag Weinheim / Bergstraße. Die 3. Strophe ist im Original nicht enthalten. Die Aufnahme erfolgt mit freundlicher Genehmigung des Verlags.